医学核心课程学习精要与强化训练

医学统计学实习指导

主　编　钟晓妮
副主编　彭　斌　邓　丹
编　委（按姓氏拼音排序）
陈　强　邓　丹　雷　迅　彭　斌
相春环　叶孟良　曾　庆　张　燕
钟晓妮

科学出版社
北　京

内 容 简 介

本书是《医学统计学》（第 2 版）的配套实践教学教材。本书从应用角度出发，简明地回顾医学统计学的基本内容，以典型练习题巩固理论知识。每章包括学习目标、内容精要及习题等内容。其中，习题涵盖了医学统计学的基本原理、基本方法和基本技能等知识点，包括选择题、判断题、简答题及应用题、案例、SPSS 操作与结果解读等。通过本书相关内容的学习与训练，有利于提高学生应用统计学原理与方法解决实际问题的能力，对提高医学生医学统计学水平具有指导作用。

本书主要供临床医学专业及其他医学相关专业学生使用。

图书在版编目（CIP）数据

医学统计学实习指导 / 钟晓妮主编. —北京：科学出版社，2019.12
医学核心课程学习精要与强化训练
ISBN 978-7-03-063008-7

Ⅰ. ①医… Ⅱ. ①钟… Ⅲ. ①医学统计–实习–医学院校–教学参考资料
Ⅳ. ①R195.1-45

中国版本图书馆 CIP 数据核字（2019）第 247052 号

责任编辑：王 颖 / 责任校对：郭瑞芝
责任印制：李 彤 / 封面设计：陈 敬

科学出版社 出版
北京东黄城根北街 16 号
邮政编码: 100717
http://www. sciencep. com
北京九州迅驰传媒文化有限公司印刷
科学出版社发行 各地新华书店经销
*
2019 年 12 月第 一 版 开本：787×1092 1/16
2025 年 1 月第四次印刷 印张：7 1/4
字数：166 000
定价：32.00 元
（如有印装质量问题，我社负责调换）

前　言

本书是与《医学统计学》（第 2 版）配套的实习指导，其内容包括绪论、医学研究统计设计、定量变量资料统计描述、定性变量资料统计描述、统计表与统计图、参数估计、假设检验基础与 t 检验、方差分析、χ^2 检验、秩和检验、直线相关与直线回归分析，共十一章。每章由学习目标、内容精要、习题三个部分组成。其中，大部分习题部分包括选择题、判断题、简答题及应用题、案例、SPSS 操作与结果解读等类型。

本书主要供临床医学专业及其他医学相关专业学生使用。希望通过对上述内容不同方式的实习教学训练，巩固学生医学统计学的基本理论知识，强化统计思维，使其具备借助软件实现基本统计分析的能力。

本书编写过程中编委成员付出了极大的心血，在此表示衷心感谢。同时，还要感谢罗业涛、李龙飞、高誉文、陈茜等为本书付出的辛勤劳动。

由于本人能力所限，期待广大使用本实习指导的老师与同学们对于书中所存在的不足给予批评指正，以便进一步完善。

钟晓妮

2018 年 12 月于重庆

目　　录

第一章　绪　　论

【学习目标】

（1）掌握统计学中的几个基本概念。
（2）掌握统计资料类型。
（3）熟悉统计工作的基本步骤。
（4）了解医学统计学的定义及其在医学研究中的应用。

【内容精要】

一、医学统计学及其在医学研究中的应用

1. 医学统计学　医学统计学（medical statistics）是运用概率论与数理统计的原理及方法，研究医学领域资料的搜集、整理、分析与推断的一门学科，是统计学原理和方法在医学领域的应用，是一门医学科学研究方法学，其主要内容包括：统计研究设计、统计描述与统计推断。

统计研究设计是医学研究计划的有机组成部分，是科研工作全过程的计划与安排。它包括实验性研究设计与观察性研究设计。

统计描述与统计推断是统计学的重要内容。通过统计指标、统计图表等描述数据特征，找出数据的基本规律，为统计推断奠定基础。通过参数估计与假设检验等统计推断，利用样本数据来推断总体特征。

2. 医学统计学的地位与作用　作为医学科学研究方法学，医学统计学对于指导医学科研工作者选择医学研究课题，进行医学科研设计，确定质量控制方法，搜集、清理、识别和分析资料，充分发掘资料信息，引出客观结论，以及辨偏、减误、克混杂等方面起着极其重要的作用。

医学统计学是一门运用统计学的原理和方法研究生物医学问题的一门学科。也就是要从事物的同质性和变异性的数量表现出发，通过一定数量的观察、对比、分析，揭示那些困惑费解的医学问题的规律性（在偶然的、不确定性的剖析中，发现事物的必然性、确定性），并指导医学实践。

二、医学统计学的几个重要概念

1. 总体与样本　总体（population）是依据研究目的所指向的全部同质研究对象的某项或某些专业指标（变量）测量值的集合，分为有限总体和无限总体。样本（sample）是从总体中随机抽取的、足够数量的、与总体结构特征相一致的部分同质研究对象某项或某些对应研究指标测量值的子集合。样本是代表总体的一个子集。

2. 参数与统计量　参数（parameter）是指描述总体或总体分布的特征数，常用希腊字母

表示，如总体均数 μ。统计量（statistics）是指描述样本或样本分布的特征数，常以拉丁字母表示，如样本均数 $\bar{x}$。通过样本统计量推断总体参数。

3. 同质与变异 同质（homogeneity）指同一总体中的个体存在的共性，是符合研究目的规定的总体特征的研究对象的条件组合。变异（variation）是指同质研究对象某效应指标测量值的波动性。统计学的任务就是在变异的基础上描述同一总体的同质性，揭示不同总体的异质性。

4. 变量与资料 变量（variable）指研究对象定性的或定量的特征。变量的观测值被称为数据（data）或资料。定性变量资料可细分为对立的二值分类变量资料、互不相容的多值分类变量资料、有序等级分类变量资料；定量变量资料可分为离散型定量变量资料和连续型定量变量资料，必要时可以按需要将定量变量资料转化为等级资料或二分类定性变量资料（图 1-1）。

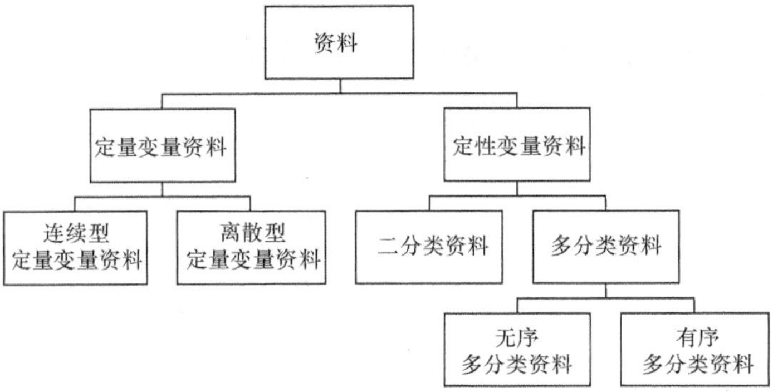

图 1-1 资料转化

5. 频率与概率 频率（frequency）指在相同条件下，重复试验 N 次，其中随机事件 A 出现了 M 次，则事件 A 发生的频率记为 $f(A)=M/N$，$0\leqslant f(A)\leqslant 1$。概率（probability）是随机事件 A 出现可能性大小的度量，记为 $P(A)$，$0\leqslant P(A)\leqslant 1$。一般称概率等于零的随机事件为"不可能事件"，概率等于 1 的事件为"必然事件"。一般随机事件 A 的发生概率是 $0<P(A)<1$。在统计学中，$P\leqslant 0.5$ 的随机事件为"小概率事件"，而且"小概率事件"在一次随机试验中是不太可能发生的。这种不太可能发生的小概率事件被运用于统计推断。

频率与概率间有如下关系：样本频率总是围绕概率上下波动，样本含量 n 越大，波动幅度越小，频率越接近概率；当 n 逐渐趋向于无穷大时，频率 $f(A)$会逐渐趋向于一个稳定值，这个稳定值就是概率。

6. 随机误差与系统误差 随机误差（random error）又称偶然误差，是由大量的偶然的无法消除的不确定因素所引起的，观察值不按方向性和系统性而随机变化的偏差。系统误差（systematic error）指由于检测者、检测仪器设备、检测用材料、检测方法、环境条件等，出现的观察值方向性、系统性或周期性地偏离真值。

7. 医学统计工作的基本步骤 医学统计工作的基本步骤包括研究设计、搜集资料、整理资料与分析资料。

研究设计是在研究工作实施前，对研究工作进行全面而周密的设计与规划；搜集资料即准确、及时、完整、规范取得可靠的原始资料；整理资料是按设计要求系统、全面地将分散的原始数据进行清查与整理，使其系统化、条理化，以便为进一步分析资料打下良好基础；分析资料要求结合研究目的，识别资料性质、数据分布、研究设计、样本大小等系列条件，选择恰当的方法，揭示事物内在的规律（基本分析方法包括：统计描述、参数估计、假设检验、变量间关联性分析等）。上述 4 个步骤是密不可分、环环相扣、前制约后的一个完整系统。

【习题】

一、选择题

1. 利用盐酸左西替利嗪片治疗慢性特发性荨麻疹临床试验中，治疗 130 名病人，28 天临床疗效为：治愈 99 人，显效 16 人，进步 11 人，无效 4 人。该"疗效"的资料类型为（　　）。

A. 连续型定量变量资料　　B. 离散型定量变量资料　　C. 有序多分类资料
D. 无序多分类资料　　E. 样本资料

2. 将病情相似的 169 名消化道溃疡病人随机分成两组，分别用洛赛克与雷尼替丁两种药物治疗，4 周后疗效见表 1-1。

表 1-1　两种药物治疗消化道溃疡 4 周后疗效

药物	愈合人数	合计人数	愈合率/%
洛赛克	64	85	75.29
雷尼替丁	51	84	60.71
合计	115	169	68.05

该"疗效"的资料类型为（　　）。

A. 连续型定量变量资料　　B. 离散型定量变量资料　　C. 等级资料
D. 二分类资料　　E. 样本资料

3. 下列属于定量变量的是（　　）。

A. 体重指数 BMI　　B. 肥胖程度　　C. 血型　　D. 性别　　E. 职业

4. 下列属于定性变量的是（　　）。

A. 身高　　B. 体重　　C. 血压　　D. 脉搏　　E. 疗效(有效、无效)

5. 统计工作的基本步骤依次包括（　　）。

A. 研究设计、实验与调查、统计分析　　B. 研究设计、搜集资料、整理资料与分析资料
C. 抽样研究、统计描述、统计推断　　D. 研究设计、统计描述、统计推断
E. 研究设计、统计分析、统计报告

6. 样本指（　　）。

A. 根据研究者的意愿特意选取的一部分研究对象
B. 从总体中随意抽取的一部分研究对象
C. 从总体中随机抽取的，能代表总体的一部分研究对象指标值的集合
D. 从总体中选取的最容易获得的观察对象
E. 从总体中选取的特征完全相同的观察对象

7. 某医生应用泼尼松、转移因子和胸腺肽治疗系统性红斑狼疮（SLE）病人 14 人。治疗前后血清 Sil-2R（U/ml）数据如表 1-2。

表 1-2　治疗前后血清 Sil-2R 数据　　（单位：U/ml）

病人号	1	2	3	…	12	13	14
治疗前	1410.37	893.54	1569.45	…	529.94	477.23	999.40
治疗后	1353.57	876.88	1534.42	…	468.66	427.23	971.56

治疗前后血清 Sil-2R 的变化值（治疗前血清 Sil-2R 值–治疗后 Sil-2R 值）为（　　）。

A. 定量变量资料　　B. 定性变量资料　　C. 等级资料　　D. 参数　　E. 统计量

8. 某疾病预防控制中心对 42 名麻疹易感儿童经气溶胶免疫 1 个月后，测得其血凝抑制抗体滴度数据如表 1-3。

表 1-3　42 名儿童的血凝抑制抗体滴度

抗体滴度	1∶8	1∶16	1∶32	1∶64	1∶128	1∶256	1∶512	合计
例数	2	6	9	10	8	5	2	42

该滴度资料类型为（　　）。

A. 等级资料　　B. 定性变量资料　　C. 定量变量资料

D. 有变异资料　　E. 同质性资料

9. 某医师研究转移因子治疗慢性气管炎病人 16 例，治疗前后的 E 玫瑰花样细胞百分比如表 1-4。

表 1-4　慢性气管炎病人治疗前后的 E 玫瑰花样细胞百分比　（单位：%）

病人号	1	2	3	4	5	6	7	8	9	10	11	12	13	14	15	16
治疗前	22	21	62	29	16	25	20	35	34	24	37	22	27	21	35	39
治疗后	68	33	62	28	36	39	50	38	63	11	59	47	41	41	56	43

治疗前与治疗后 E 玫瑰花样细胞百分比的资料类型为（　　）。

A. 定量变量资料　　B. 定性变量资料　　C. 等级资料

D. 百分比资料　　E. 相对数资料

10. 以下有关“同质与变异”的描述中，正确的是（　　）。

A. 同质是指所研究的同一总体的观察对象具有相同的性质或特征

B. 同质是指所研究的同一总体的观察对象某指标值完全相同的性质

C. 具有同质性的个体间不应存在变异

D. 存在变异的个体一定不来自于同质总体

E. 生物个体存在着差异性，因而不具备同质性

二、判断题（请在以下题干后面的括号内标记 T 或 F，正确者标记 T，错误者标记 F）

1. 在统计分析中，将性别进行了赋值（男=1、女=0），故性别变量为定量变量。（　　）
2. 样本来自于总体，是总体中挑选出来的一部分。（　　）
3. 同质生物个体某指标值间不存在变异性。（　　）
4. 根据研究目的，统计分析时可将定量变量资料转化为定性变量资料。（　　）
5. 小概率事件是指绝对不会发生的事件。（　　）

三、简答题

1. 有代表性的样本应具有哪些特点？
2. 请简述概率与小概率事件？
3. 举例并阐述定量变量资料与定性变量资料。
4. 一项评价药物 A 对慢性气管炎有效性与安全性的临床试验中，将病人分为以下类型：单纯型、喘息型、单纯型合并肺气肿、喘息型合并肺气肿。录入数据时，将病人类型分别录入为 1、2、3、4，此时“病人类型”资料即由定性变量资料转化成为定量变量资料。该结论正确吗？为什么？
5. 举例说明总体、样本、参数、统计量这几个概念。

四、案例

为评价精氨酸谷氨酸注射液治疗慢性肝病伴高血氨病人的有效性和安全性，开展了一项多中心、随机单盲对照的临床试验。方案摘要如下。

方案摘要

试验药物	精氨酸谷氨酸注射液
题目	精氨酸谷氨酸注射液治疗慢性肝病伴高血氨病人的多中心、随机单盲对照的临床试验
试验中心	略
目的	评价精氨酸谷氨酸注射液治疗慢性肝病伴高血氨病人的有效性和安全性
试验设计	多中心、随机、单盲对照临床试验研究
受试人群	慢性肝病伴高血氨病人
样本含量	240 例，试验组与对照组各 120 例
治疗方案	试验组：精氨酸谷氨酸注射液 200ml（20g 精氨酸谷氨酸盐），静脉滴注，1 次/日，疗程 7 日，每次滴注时间不得少于 2 小时 对照组：盐酸精氨酸注射液 80ml（20g 盐酸精氨酸）+5%葡萄糖注射液 200ml，静脉滴注，1 次/日，疗程 7 日，每次滴注时间不得少于 2 小时
主要疗效评价指标	治疗 7 日受试者血氨水平下降情况
次要疗效评价指标	➢1 周末受试者肝功能（ALT、AST、T. Bil）复常率 ➢1 周末受试者临床症状及体征改善情况
疗效评价	治疗前、后血氨下降按显效、有效和无效三级评定。显效（2 级）：血氨下降≥30%；有效（1 级）：血氨下降，15%≤血氨下降＜30%；无效（0 级）：血氨下降＜15%。综合疗效：临床疗效以治疗前、后临床症状和体征为评价点，按显效、有效和无效三级评定。显效（2 级）：治疗后临床症状、体征累积积分改善率为 70%～100%；有效（1 级）：治疗后临床症状、体征累积积分改善率为 30%～70%；无效（0 级）：治疗后临床症状、体征累积积分改善率小于 30%
安全性评价	不良事件、严重不良事件、实验室检测值异常的记录和评价
统计分析	疗效指标和安全性指标
预期试验进度	略

请回答：

（1）该研究所涉及的研究总体与样本是什么？

（2）治疗 7 日受试者血氨水平下降值、治疗 7 日受试者肝功能（ALT、AST、T. Bil）复常（是否恢复正常）及疗效三指标值分别属于何类型资料？

（3）你认为在该项研究工作中，统计学的作用具体体现于哪些方面？

（钟晓妮）

第二章　医学研究统计设计

【学习目标】

（1）掌握研究类型的概念。
（2）掌握实验设计的三个要素、三个原则。
（3）掌握实验设计的对照设立方法、随机化分组方法。
（4）掌握完全随机设计、配对设计方案。
（5）了解确定样本量的影响因素。

【内容精要】

一、研 究 类 型

科学研究按是否对实验对象施加干预措施分为实验性研究和观察性研究。

1. 实验性研究（experimental study）　又称干预性研究（interventional study），是对研究对象人为施加干预的研究。研究者通过随机分组，对不同处理组的研究对象施加不同的干预，从而比较不同干预措施的效果。实验的目的是阐明处理因素对受试对象产生的效应。在实验研究的统计设计中，需要考虑处理因素、受试对象、实验效应三个基本要素，需要遵循随机、对照、重复三个基本原则。对于实验性研究，往往还要求遵循盲法的原则。

2. 观察性研究（observational study）　又称调查（survey），是对研究对象不加任何干预措施，在完全“自然状态”下观察、记录，并对观察结果进行描述和对比分析。观察性研究与实验性研究的最大区别是不能对研究对象进行完全随机化分组，不能按照研究者的主观意愿对研究对象进行干预，只能被动观察。

二、实验设计的三个要素

1. 受试对象（subject）　是指被处理因素作用并产生效应的对象，也称研究对象、实验对象。据研究对象的不同，实验研究可分为动物实验和人体试验。明确研究目的和要求基础上依据对处理因素的敏感程度和反应稳定性选择合适的受试对象。

2. 处理因素（treatment factor）**和处理水平**　处理因素指研究者根据研究目的施加于受试对象，且在实验中需要观察并阐明其效应的干预措施，也称研究因素。实验采用单一干预措施为单因素，采用多种干预措施为多因素。具体施加于实验对象的干预措施的量或强度称为处理因素的水平。

3. 实验效应（experimental effect）　是指处理因素作用于实验对象后，产生的反应或者结果，它通过观察指标表达。观察指标，也称研究指标、结局指标、效应指标，应该尽可能满足客观性，它应具有灵敏性、特异性和精确性。

三、实验设计三个原则

1. 对照原则　比较的基础就是对照（control），通过对照才能鉴别处理因素的作用。通过设立对照可排除或控制自然变化和非处理因素对观察结果的影响，消除或减少实验误差。

设立对照应遵循均衡原则。均衡是指在设立对照时除给予的处理不同外，对照组和实验组其他重要的、可控制的非处理因素应保持一致。

设立对照应该满足：对等（所有实验组除处理因素外，其他实验条件相同），同步（所有实验组的实验在同时间、同空间进行），专设（为特定实验设立特定的对照）三个条件。

2. 随机原则　随机化是采用随机的方式，使每个受试对象都有同等的机会被抽取或分配到实验组和对照组。采用随机化分组法，使各组的非处理因素尽量趋于均衡而减少非处理因素的偏倚，是抽样研究的理论和统计分析方法的基础。

具体的随机化过程包含：随机抽样（random sampling）、随机分配（random allocation）、实验顺序随机（random order）。

3. 重复原则　重复是指在相同实验条件下进行多次实验或多次观察，以提高实验的可靠性和科学性。重复是消除或减少非处理因素影响的重要方法之一。重复程度表现为样本含量的大小和重复次数的多少。

重复包括三种情形：第一，对整个实验进行重复；第二，用多个受试对象进行重复，保证一次实验有足够的样本量，这是一般意义的重复；第三，同一受试对象的重复观察（足够精密度）。

影响样本含量大小的因素主要有：Ⅰ类错误概率α与Ⅱ类错误概率β、容许误差δ、总体相关信息。Ⅰ类错误概率α或者Ⅱ类错误概率β越小，所需样本量越大；容许误差δ越小，所需样本量越大；总体相关信息，如均数（总体率）与总体标准差σ，通常用样本统计量代替，总体标准差σ越大，所需样本量越大。

4. 盲法原则　临床研究中应遵循盲法原则。临床研究中使受试对象、效应观察者、数据分析者其中的一方或多方不知道受试者治疗分配的程序称为设盲。单盲（simple blind）指受试对象不知道自己接受何种措施，双盲（double blind）指受试者和观察者均不知道受试对象接受何种措施。盲法通常与安慰剂配合使用，盲法是消除非处理因素引起的误差，控制偏性的有效方法。

四、对照的形式

1. 空白对照（blank control）　指对照组不施加任何处理。因伦理学要求，一般空白对照不用于临床试验，可应用于动物实验以及实验室方法学研究中。

2. 实验对照（experimental control）　指对照组不施加处理因素，但施加某种与处理因素相关的实验因素，这些因素可能影响实验结果。

3. 标准对照（standard control）　指对照组采用现有标准方法或常规方法。但不提倡仅用现有标准值或参考值作对照。

4. 自身对照（self control）　指对照与实验在同一受试对象上进行。

5. 相互对照（mutual control）　指两个或几个不同水平的实验组相互对照，而不必另设对照组。

五、常用设计方案

1. 完全随机设计（completely random design） 又称单因素组设计或成组设计。实验只安排一个处理因素，实验水平是两水平（两组）或者多水平（多组）。将若干同质实验对象随机地分配到各处理组中进行实验观察，或从不同总体中随机抽样进行对比研究。它是最常用的一种研究设计方法。

设计步骤如下：①确定处理因素与水平；②确定研究对象和实验效应指标；③采用完全随机化方法分组。

2. 随机区组设计（randomized block design） 又称配伍组设计。根据试验中各组间均衡性的要求，常将实验对象按其某些重要特征、条件相同或相近匹配原则配成区组，再将每个区组的研究对象随机分配到各处理组中进行实验观察。实验对象匹配的特征或条件称为配伍（对）因素，主要从影响研究结果的主要非处理因素（混杂因素）中考虑。如果区组内的实验对象仅两个则为配对设计，否则为配伍设计。

设计步骤如下：①确定研究因素与水平；②确定研究对象和匹配条件，并进行匹配形成配伍组（或者对子）；③采用区组随机化方法分组。

六、常用随机化分组方法

1. 完全随机化（complete randomization）**分组** 完全随机化分组指利用随机数字将若干个受试对象进行分组，分组后各组受试对象的例数不一定相等。其具体步骤如下：

（1）编号：将 n 个受试对象按一定顺序编号。

（2）取随机数：为每个编号获得一个随机数。

（3）确定组别：根据事先设定的规则（如排序），用随机数字将对象分组。

2. 区组随机化（block randomization）**与配对随机化**（paired randomization） 区组随机化、配对随机化是将受试对象按一定的条件匹配成区组（对），再将每个区组（对）中的受试对象随机分配到不同的处理组中。一般地，各个区组内的实验对象数与处理组数相同。匹配因素为可能影响实验结果的主要非处理因素，称配伍因素。具体步骤如下。

（1）编号：将 n 个受试对象按一定顺序编号。

（2）配伍：将受试对象按照配伍因素相同、相近的原则匹配为区组。

（3）取随机数：为每个编号获得一个随机数。

（4）确定组别：根据事先设定的规则（如排序），用随机数字将同一区组内的对象分组。各个区组重复分组完成全部对象分组。

【习题】

一、选择题

1. 实验性研究的根本特点之一是（　　）。

A. 进行了随机抽样　B. 进行了随机化分组　C. 主动对研究对象施加了干预措施

D. 在实验室工作　E. 以动物为研究对象

2. 实验设计和调查设计的根本区别之一是（　　）。

A. 实验设计以动物为对象　B. 调查设计以人为对象　C. 实验设计可进行对照分组

D. 实验设计可人为设置处理因素　　E. 可以进行盲法

3. 实验设计的基本要素是（　　）。

A. 研究人员、研究因素、结局指标　　B. 研究对象、研究因素、结局指标

C. 研究对象、研究因素、研究人员　　D. 研究对象、研究因素、研究场所

E. 研究对象、研究人员、结局指标

4. 实验设计的基本原则是（　　）。

A. 随机、对照、重复　　B. 随机、重复、盲法　　C. 随机、对照、盲法

D. 盲法、对照、重复　　E. 均衡、对照、重复

5. 为研究胃灵丹治疗胃病的疗效，在某医院选择 50 例胃炎和胃溃疡病人，随机分成试验组和对照组，试验组用胃灵丹治疗，对照组用公认有效的“胃苏冲剂”。这种对照属于（　　）。

A. 实验对照　　B. 空白对照　　C. 相互对照　　D. 标准对照　　E. 历史对照

6. 某医师研究某中药预防冠心病的作用，试验组用该中药的糖丸制剂，对照组用无冠心病疗效的普通糖丸。这种对照属于（　　）。

A. 实验对照　　B. 空白对照　　C. 相互对照　　D. 标准对照　　E. 安慰剂对照

7. 某医师研究某中药治疗胃溃疡疗效时，试验组服用该中药与淀粉的合剂，对照组仅服用淀粉（若不存在伦理学问题），该对照属于（　　）。

A. 实验对照　　B. 空白对照　　C. 安慰剂对照　　D. 标准对照　　E. 相互对照

8. 在抗癌药物筛选试验中，将 20 只小白鼠按体重分成 5 个区组，观察 4 种药物对小白鼠肉瘤的抑瘤效果。该研究采用的是（　　）。

A. 完全随机设计　　B. 随机区组设计　　C. 交叉设计

D. 析因设计　　E. 重复测量设计

9. 总体中个体的变异程度越大，则所需（　　）。

A. 样本量越大　　B. 样本量越小　　C. 估计的精度越大

D. 估计的精度越小　　E. 抽样误差越小

10. 某医生使用某新疗法治疗消化性溃疡 120 例，共观察到 105 例有效，有效率为 87.5%，故认为此疗法有较好疗效。该设计（　　）。

A. 符合统计设计要求　　B. 样本量不够　　C. 未设立对照组

D. 未采用盲法　　E. 未贯彻随机化原则

11. 某医生欲研究某肝病药物治疗非酒精性脂肪肝的效果，将在一医院用该药治疗的 60 例病人作为试验组，采用常规疗法的 30 例病人作为对照组，从而比较两种治疗方法的效果。该实验方案（　　）。

A. 符合统计设计要求　　B. 未遵从随机化原则　　C. 对照组样本量太少

D. 只需进行自身治疗前后对照　　E. 对照设立不当，应设立空白对照

12. 欲研究某新法接生预防新生儿窒息的效果，选择市级医院作为试验组，采用新法接生；选择县级医院为对照组，采用普通法接生。该方案（　　）。

A. 符合统计设计要求，可行　　B. 不可行，未设立对照　　C. 不可行，样本量太小

D. 不可行，未使用盲法观察　　E. 不可行，对照设立不当，可比性差

13. 实验设计中，估计样本量是（　　）。

A. 经济条件允许的情况下，越多越好　　B. 时间允许的情况下，越多越好

C. 根据实际情况，能选多少是多少　　D. 不必估计，对整个总体进行实验

E. 保证研究结论具有一定的可靠性的前提下，估算最少需要多少受试对象

14. 将两个或多个实验因素的各水平进行组合，对各种可能的组合都进行实验。该实验设计方案是（　　）。

A. 随机区组设计方案　　B. 完全随机设计方案　　C. 析因设计方案
D. 配对设计方案　　E. 交叉设计方案

15. 欲研究某抗菌药治疗呼吸系统急性细菌性感染的效果，将感染程度相近者配为对子，然后将对子内的感染者随机分配到试验组和对照组。此属于（　　）。

A. 抽样调查　　B. 典型调查　　C. 完全随机设计　　D. 配对设计　　E. 析因设计

16. 36 只大鼠被随机地均分到 3 种不同的饲料组中去，饲养一段时间后，观测每只鼠的肝重与体重的比值。该研究采用的是（　　）。

A. 完全随机设计　　B. 随机区组设计　　C. 交叉设计
D. 析因设计　　E. 重复测量设计

17. 随机区组设计要使（　　）。

A. 组内差异最小，组间差异最大　　B. 组内差异最大，组间差异最小
C. 组内、组间差异都最小　　D. 组内、组间差异都最大
E. 组内、组间差异都没有要求

18. 进行配对设计的目的是（　　）。

A. 实验的方便　　B. 收集资料的方便　　C. 分析资料的方便
D. 减少实验误差提高效率　　E. 设计简便

19. 对于样本含量，一般来说（　　）。

A. 样本含量足够大就可以避免Ⅰ类错误　　B. 检验效能$1-\beta$越小，所需样本含量越大
C. 容许误差δ越小，所需样本含量越大　　D. 研究者可以主观判断
E. 越大越好

20. 在研究某种化学物质致癌作用的动物实验中，实验组注射该化学物质，对照组不接受任何处理。该对照属于（　　）。

A. 安慰剂对照　　B. 相互对照　　C. 标准对照　　D. 空白对照　　E. 自身对照

21. 为评价 4 种新药治疗流感的疗效，某医师将抽取的流感病人随机分为 4 个组，然后观察疗效。该对照属于（　　）。

A. 安慰剂对照　　B. 相互对照　　C. 标准对照　　D. 实验对照　　E. 自身对照

22. 某医师探讨某糖尿病疗法治疗 2 型糖尿病的疗效，观察受试者采用该疗法的血糖变化情况。该对照组属于（　　）。

A. 安慰剂对照　　B. 相互对照　　C. 标准对照　　D. 实验对照　　E. 自身对照

23. 某医师研究某中药的利尿效果，试验组用该中药治疗，对照组用临床标准利尿剂治疗。该对照组属于（　　）。

A. 安慰剂对照　　B. 相互对照　　C. 标准对照　　D. 实验对照　　E. 自身对照

24. 某医师研究某药物对失眠的疗效时，试验组服用该药物的片剂，对照组服用淀粉片剂。该对照组属于（　　）。

A. 安慰剂对照　　B. 相互对照　　C. 标准对照　　D. 实验对照　　E. 自身对照

25. 双盲法的主要目的是（　　）。

A. 避免抽样误差　　B. 节省试验开支　　C. 避免人为主观因素的影响
D. 减小Ⅰ类错误　　E. 减小Ⅱ类错误

二、判断题（请在以下题干后面的括号内标记T或F，正确者标记T，错误者标记F）

1. 观察性研究与实验性研究最大的区别就在于前者是用观察的方法获取数据，而后者用实验的方法获得数据。（ ）

2. 随机对照试验是实验性研究。（ ）

3. 处理因素一般是指外部施加的因素（如某种药物或手术），因此受试者本身的某些特征如年龄、性别等不能成为处理因素。（ ）

4. 试验设计中设置重复的目的是为了消除试验误差。（ ）

5. 随机化是实现各个处理组间均衡的手段。（ ）

6. 随机化包括随机抽样、随机分组和随机执行顺序。（ ）

7. 实验对照是指几种药物的实验组互为对照。（ ）

8. 在相同条件下，完全随机设计比随机区组设计更节约样本含量。（ ）

9. 实验研究中，受试对象分配到试验组或对照组是由研究者主观决定的。（ ）

10. 一般试验可以不设对照，重要的试验才设置对照。（ ）

11. 采取随机分组可以提高检验效能。（ ）

12. 在估计样本含量时，应当增大样本例数，样本例数越多越好。（ ）

13. 样本含量估计的原则是在保证一定的推断精度和检验效能的前提下，确定实验所需的最少观察单位数。（ ）

14. 第Ⅰ类错误概率α越大，所需样本含量越大。（ ）

15. 实验研究中预实验的样本标准差S越小，所需样本含量越大。（ ）

三、简答题及应用题

1. 实验性研究和观察性研究的区别是什么？

2. 请简述实验设计的三个要素与三个基本原则。

3. 请简述随机化分组的作用。

4. 请简述完全随机设计方案和随机区组设计方案。

5. 请列举常见的观察性研究统计设计方法，并简述其优缺点。

6. 什么是样本含量？影响样本含量大小的因素主要有哪些？

7. 现有20只同种属、同周龄、同窝别、同性别、重量相似的小白鼠，拟进行完全随机设计的实验性研究，处理因素共2个水平，请对20只动物进行随机化分组。

8. 现有24只同种属、同周龄、同窝别、同性别的小白鼠，拟进行随机区组设计的实验性研究，处理因素共4个水平，配伍因素为动物的体重，请对24只动物进行随机化分组。

四、案例

1. 为确定一种降压药物的起始用药剂量，将9例新诊断的高血压病人按就诊的先后顺序依次分入低、中、高三个剂量组，经一段时间治疗后，通过比较三组病人的治疗后舒张压变化值来选择该降压药的剂量。请根据以上描述回答：

（1）在这项研究中，研究的三要素分别是什么？

（2）请从统计学角度对此研究进行评价，并对此研究设计提出改进意见。

2. 据文献记载，18世纪航海时代，水手经常染上“坏血病”。1747年5月，英国医生J. Lind将12名病情相似（牙龈溃烂、皮肤有出血点、双膝无力）的“坏血病”病人带到一艘船上，并将他们分为6组，每组2人，采用了6种不同方法进行干预，观察病人病情好转情况。6种干预措施分别是：饮苹果汁；服硫酸丹剂；服醋；饮海水、服缓和的泻药（病情最重者）；食橘子、柠檬；服大蒜、芥子等成分组成的干药。

（1）请用现代统计学的观点，说明该研究哪些方面符合统计学要求？

（2）如果重复 J. Lind 医生的干预试验，在统计设计与分析中还应注意哪些问题？

3. 某单位研究菊花艾叶香预防感冒和空气消毒效果。对象为某幼儿园分住三个楼的儿童。中间楼是中班儿童（160 人），东楼是小班儿童（110 人），这两栋楼燃香；西楼是大班儿童（170 人），作为对照组，不燃香。结论为菊花艾叶香无预防感冒效果，但有空气消毒作用（牛肉汤平板上菌落数较少）。请对此研究设计加以评述。

五、SPSS 操作与结果解读

1. 现有 20 只同种属、同周龄、同窝别、同性别、重量相似的小白鼠，拟进行完全随机设计的实验性研究，处理因素共 2 个水平，请使用 SPSS 对 20 只小白鼠进行完全随机化分组。

（1）SPSS 操作。依次点击 File→New→Syntax…弹出语法编辑窗口，在窗口右侧录入以下程序。

```
SET RNG=MC SEED=2000000.
NEW FILE.                                          /*完全随机分组*/
                                                   /*首先生成 N 例，本例 N=20*/
INPUT PROGRAM.
LOOP OBS=1 TO 20.                                  /*总例数 20，生成对象编号*/
COMPUTE RNDNUM=RV. UNIFORM（1，20）.                 /*生成随机数字*/
END CASE.
END LOOP.
END FILE.
END INPUT PROGRAM.                                 /*按随机数字排序*/
SORT CASES By MDNUM.                               /*分组原则：排序后前 10 例分到 1 组，
                                                    否则分到 2 组*/
DO IF $CASENUM<=10.
 COMPUTE group=1.
ELSE if $CASENUM>10.
 COMPUTE group=2.
END IF.                        /*开始执行*/
EXECUTE.
```

选择编写好的全部程序行，点击快捷工具条上的运行程序按钮▶，等待程序运行完毕后切换到数据编辑窗口。

（2）结果及主要解读如图 2-1。

数据表中 OBS 为动物编号，RNDNUM 为对应的随机数字，group 即为相应的随机分组结果，其中 1.00 为甲组，2.00 为乙组。

2. 现有 24 只同种属、同周龄、同窝别、同性别的小白鼠，拟进行随机区组设计的实验性研究，处理因素共 4 个水平，配伍因素为小白鼠的体重，请使用 SPSS 对 24 只小白鼠进行随机区组分组。

为按小白鼠体重匹配成配伍组，先假定已知 24 只小白鼠体重数据如下：

27.25g 25.91g 33.68g 25.80g 30.14g 31.31g 25.72g 34.21g 33.43g 25.84g
25.69g 29.15g 29.03g 26.70g 33.99g 25.07g 31.92g 33.06g 34.82g 33.15g
26.77g 25.08g 32.66g 27.33g

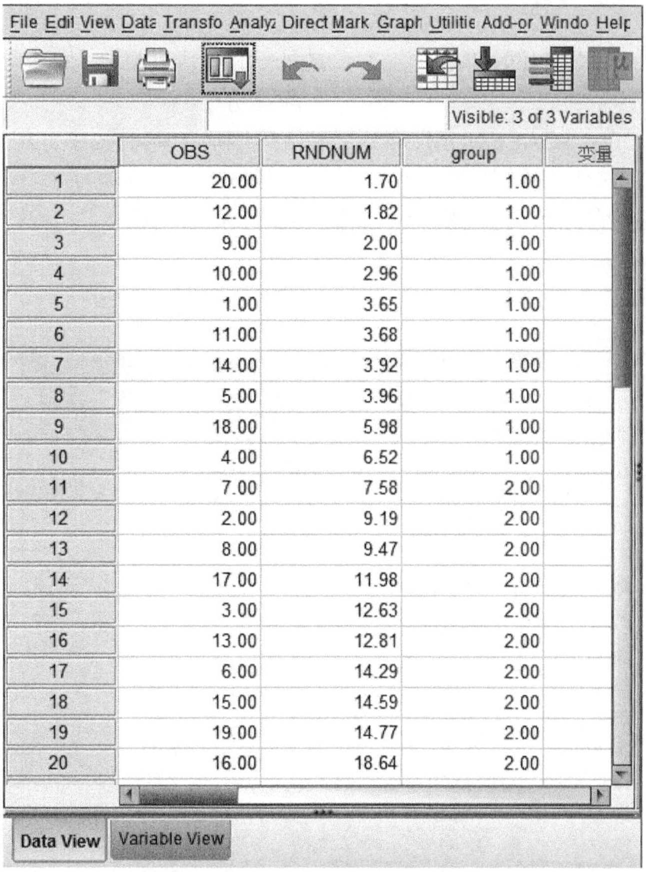

	OBS	RNDNUM	group	变量
1	20.00	1.70	1.00	
2	12.00	1.82	1.00	
3	9.00	2.00	1.00	
4	10.00	2.96	1.00	
5	1.00	3.65	1.00	
6	11.00	3.68	1.00	
7	14.00	3.92	1.00	
8	5.00	3.96	1.00	
9	18.00	5.98	1.00	
10	4.00	6.52	1.00	
11	7.00	7.58	2.00	
12	2.00	9.19	2.00	
13	8.00	9.47	2.00	
14	17.00	11.98	2.00	
15	3.00	12.63	2.00	
16	13.00	12.81	2.00	
17	6.00	14.29	2.00	
18	15.00	14.59	2.00	
19	19.00	14.77	2.00	
20	16.00	18.64	2.00	

图 2-1 完全随机化分组程序输出的数据表（数据不全）

（1）SPSS 操作。依次点击 File→New→Syntax…弹出语法编辑窗口，在窗口右侧录入以下程序。

```
SET RNG=MC SEED=2000000.
DATA LIST FREE /WGT.                  /*完全随机分组*/
BEGIN DATA.                           /*首先输入各个小白鼠的体重，共 24 只小白鼠的
                                        体重*/
27.25  25.91  33.68  25.80  30.14  31.31  25.72  34.21  33.43  25.84
25.69  29.15  29.03  26.70  33.99  25.07  31.92  33.06  34.82  33.15
26.77  25.08  32.66  27.33
END DATA.
SORT CASE BY WGT.                     /*按体重排序，以相近体重匹配成配伍组*/
COMPUTE OBS=$CASENUM.                 /*生成研究对象编号，相近的编号为同一个配伍组*/
EXECUTE.
LOOP #BLOCK=1 TO 6.                   /*设计区组 k=6*/
LOOP TREAT=1 TO 4.                    /*设计处理组=4*/
COMPUTE BLOCK=#BLOCK.                 /*将区组内部变量转为数据变量保存*/
COMPUTE RNDNUM=UNIFORM（100）.        /*抽取随机数字*/
END CASE.
END LOOP.
```

```
END LOOP.
SORT CASES BY BLOCK RNDNUM.                     /*同一区组内按随机数字排序，按排序后的结果分
                                                 配任务*/
COMPUTE group=MOD（$CASENUM，4）.                /*按排序后的随机数字分组*/
EXECUTE.
```

选择编写好的全部程序行，点击快捷工具条上的运行程序按钮▶，等待程序运行完毕后切换到数据编辑窗口。

（2）结果及主要解读如图 2-2。

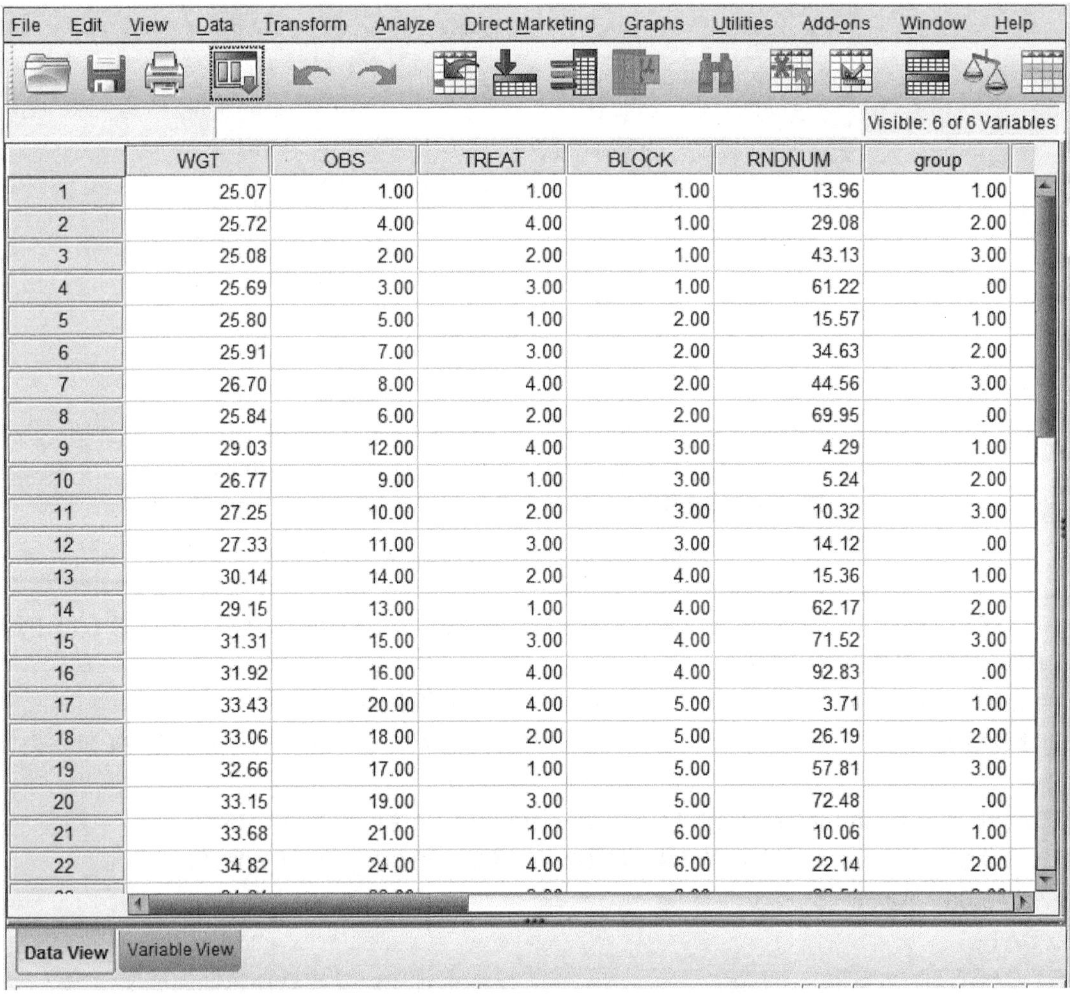

	WGT	OBS	TREAT	BLOCK	RNDNUM	group
1	25.07	1.00	1.00	1.00	13.96	1.00
2	25.72	4.00	4.00	1.00	29.08	2.00
3	25.08	2.00	2.00	1.00	43.13	3.00
4	25.69	3.00	3.00	1.00	61.22	.00
5	25.80	5.00	1.00	2.00	15.57	1.00
6	25.91	7.00	3.00	2.00	34.63	2.00
7	26.70	8.00	4.00	2.00	44.56	3.00
8	25.84	6.00	2.00	2.00	69.95	.00
9	29.03	12.00	4.00	3.00	4.29	1.00
10	26.77	9.00	1.00	3.00	5.24	2.00
11	27.25	10.00	2.00	3.00	10.32	3.00
12	27.33	11.00	3.00	3.00	14.12	.00
13	30.14	14.00	2.00	4.00	15.36	1.00
14	29.15	13.00	1.00	4.00	62.17	2.00
15	31.31	15.00	3.00	4.00	71.52	3.00
16	31.92	16.00	4.00	4.00	92.83	.00
17	33.43	20.00	4.00	5.00	3.71	1.00
18	33.06	18.00	2.00	5.00	26.19	2.00
19	32.66	17.00	1.00	5.00	57.81	3.00
20	33.15	19.00	3.00	5.00	72.48	.00
21	33.68	21.00	1.00	6.00	10.06	1.00
22	34.82	24.00	4.00	6.00	22.14	2.00

图 2-2 随机区组分组程序输出的数据表（数据不全）

数据表中 OBS 为动物编号，WGT 为动物的体重，RNDNUM 为对应的随机数字，BLOCK 为配伍组编号，group 即为相应的随机分组结果，1.00 为 A 组，2.00 为 B 组，3.00 为 C 组，0.00 为 D 组。

（曾 庆）

第三章　定量变量资料统计描述

【学习目标】

（1）掌握定量变量资料的描述指标及其适用条件。
（2）掌握医学参考值范围的定义及针对不同类型资料的估计方法。
（3）熟悉正态分布的特性与曲线下面积。
（4）了解频数分布表与频数分布图的编（绘）制方法。

【内容精要】

一、频数分布表及其用途

1. 频数分布表（frequency distribution table）　将一组定量变量资料按观察值大小分为不同组段，然后将各观察值划记到各组段中，清点各组段的观察值个数（即频数），并以表格形式表示，称该表为频数分布表。

2. 频数分布表的用途

（1）揭示数据的分布特征与分布类型。
（2）描述分布的集中位置和离散程度。
（3）发现特大、特小的可疑值。

二、正 态 分 布

1. 正态分布及其特点　当μ与σ^2确定时，正态分布呈现为一条单峰对称的钟形曲线，其曲线两端永远不与横轴相交。同时，有一个概率密度函数与之对应：

$$f(x)=\frac{1}{\sigma\sqrt{2\pi}}\mathrm{e}^{-\frac{(x-\mu)^2}{2\sigma^2}}$$

两个参数分别为μ与σ^2，μ为反映集中位置的总体均数，σ^2为反映离散程度的总体方差。习惯上用$X \sim N(\mu,\ \sigma^2)$表示随机变量X服从于均数为μ、方差为σ^2的正态分布（normal distribution）。

正态分布有以下特点：①单峰对称的“钟形”曲线；②x可取任意实数；③正态分布有两个参数，一个是总体均数μ，另一个是总体方差σ^2。当σ^2恒定时，μ越大，曲线向右平移；反之，曲线则向左平移；当μ恒定时，σ^2越大，曲线越“矮胖”；反之，曲线则越“高瘦”。

2. 标准正态分布及其曲线下面积规律　$\mu=0$，$\sigma^2=1$的正态分布为标准正态分布，即$z \sim N(0,\ 1)$。对于正态分布$X \sim N(\mu,\ \sigma^2)$，其随机变量X可经z变换为标准正态分布

$$z=\frac{X-\mu}{\sigma}。$$

标准正态分布曲线下横轴上的面积之和为 1，即概率之和为 100%；z取不同值时z值左

侧标准正态曲线下面积，记作$\Phi(z)$。$\Phi(-1.96)=0.025$。由对称性可得区间（+1.96，+∞）上的曲线下面积也是 0.025，故 z 值取值于（−1.96，+1.96）的概率为 0.95，即 X 取值在区间 $\mu \pm 1.96\sigma$ 内的概率为 95%。

三、统 计 描 述

对于定量变量资料，从集中位置与离散程度两个方面进行统计描述。平均数（average）用于描述一组定量变量资料的集中位置，常见的平均数有算术均数、几何均数和中位数。而常用离散程度的指标有 5 种，分别为全距、四分位间距、方差、标准差和变异系数。

1. 基于样本的集中位置常用指标

（1）算术均数（arithmetic mean），简称均数（mean），记为$\bar{x}$，适用于对称分布，尤其适用于正态或近似正态分布的资料。其计算方法有直接法、频数表法。

直接法是直接将所有原始观察值相加，再除以总例数。

$$\bar{x}=\frac{x_1+x_2+\mathrm{L}+x_n}{n}=\frac{\sum x}{n}$$

对于频数表资料，可在频数表基础上计算均数。频数表法$\bar{x}=\dfrac{\sum fx_0}{\sum f}$，其中 f 为各组段的频数，x_0 为各组段的组中值，作为各组观测值的代表，x_0=（组段上限+组段下限）/2。

（2）几何均数（geometric mean），记为 G，适用于经由对数转换为正态或近似正态分布的资料。其计算方法有直接法、频数表法。

直接法

$$G=\sqrt[n]{X_1X_2\mathrm{L}\ X_n} \quad 或 \quad G=\log^{-1}\left[\frac{\sum \log x}{n}\right]$$

频数表法

$$G=\log^{-1}\left[\frac{\sum f\log x}{\sum f}\right]$$

一般采用以 10 为底的常用对数进行转换。

（3）中位数（median）：将原始观测值从小到大排序后，位次居中的那个数，记为 m，适用于任意分布的资料，但更常用于偏峰分布，或分布的一端或两端无确定数值的资料。其计算方法有直接法、频数表法。

当样本量 n 为奇数时，直接法$m=x_{\left(\frac{n+1}{2}\right)}$，$n$ 为偶数时，$m=\dfrac{x_{\left(\frac{n}{2}\right)}+x_{\left(\frac{n}{2}+1\right)}}{2}$，其中 x 右下角括号内数字表示该 x 处于一组升序数列中的确切位置。

对于频数表资料，可通过百分位数法计算中位数。

$$P_x=L+\frac{i}{f_x}\left(n\cdot x\%-\sum f_L\right)$$

其中，L 为欲求的百分位数所在组段的下限，i 为百分位数所在组段的组距，f_x 为百分位数所在组段的频数，n 为样本含量，$\sum f_L$ 为小于该百分位数所在组的累积频数。当 $x=50$ 时，P_x 则为中位数。

2. 基于样本的离散程度常用指标

（1）极差（range）：又称为全距，记为 R。

$$R=\text{最大值}-\text{最小值}$$

极差仅利用最大值和最小值的信息，易受样本含量的影响，很不稳定。

（2）四分位数间距（inter quartile range）：表示一组数列中间 50%数值的最大范围，记为 IQR，适用于偏态分布的资料。

$$\text{IQR}=P_{75}-P_{25}$$

（3）方差（variance）和标准差（standard deviation）：方差与标准差均表示各观测值对其均值的离散程度。方差记为S^2，标准差记为 S。适用于对称分布，尤其适用于正态或近似正态分布的资料。

$$S^2=\frac{\sum(x-\overline{x})^2}{n-1} \qquad S=\sqrt{\frac{\sum(x-\overline{x})^2}{n-1}}$$

（4）变异系数（coefficient of variation），记为 CV，常用于量纲不同或均数相差较大时的两组或多组资料变异程度的比较。

$$\text{CV}=\frac{S}{\overline{x}}\times 100\%$$

四、医学参考值范围

1. 医学参考值范围的概念　医学参考值范围（reference range）指绝大多数（一般为 95%或 99%）“正常人”的某项指标所在的范围，通常作为医学上的参考性标准。确定医学参考值范围的方法主要有正态分布法和百分位数法等。

2. 估算方法　确定医学参考值范围的方法主要有正态分布法和百分位数法等。对于正态或近似正态分布的资料，采用正态分布法；对于偏态分布的资料，采用百分位数法。

（1）正态分布法：双侧$1-\alpha$的参考值范围为$\overline{x}\pm z_{\alpha/2}S$；单侧$1-\alpha$的参考值范围分别为$\leqslant\overline{x}+z_{\alpha}S$或$\geqslant\overline{x}-z_{\alpha}S$；若$\alpha=0.05$，则正态分布资料双侧 95%医学参考值范围为$\overline{x}\pm1.96S$。

（2）百分位数法：双侧$1-\alpha$的参考值范围为$P_{100\alpha/2}\sim P_{100-100\alpha/2}$；单侧$1-\alpha$的参考值范围分别为$\geqslant P_{100\alpha}$或$\leqslant P_{100-100\alpha}$。

【习题】

一、选择题

1. 以下关于算术均数$\overline{x}$、标准差 S、中位数 M、几何均数 G、变异系数 CV 描述不正确的是（　　）。

A. 算术均数$\overline{x}$适合用来描述一组正态分布定量变量资料的集中趋势水平

B. 中位数 M 适合用来描述一组偏态分布定量变量资料的集中趋势水平

C. 几何均数 G 适合用来描述一组对数正态分布定量变量资料的集中趋势水平

D. 标准差 S 适合用来描述一组偏态分布定量变量资料的离散趋势水平

E. 对于一组服从正态分布的定量变量资料，在对比两个单位不同指标的变异程度时，应采用变异系数 CV

2. 以下关于四分位间距 IQR 描述不正确的是（　　）。

A. 四分数间距适合用来描述一组正态分布定量变量资料的离散趋势
B. 四分位数间距适合用来描述一组偏态分布定量变量资料的离散趋势
C. 四分位数间距比极差稳定
D. 四分位数间距 IQR = $P_{75}-P_{25}$
E. 四分位数间距越大，表示资料变异程度越大

3. 若随机变量 x 服从正态分布，则 95%的观测值分布在（　　）。

A. $\bar{x}\pm1.645S$　　B. $\bar{x}\pm2.58S$　　C. $\bar{x}\pm1.96S$
D. $<\bar{x}-1.645S$　　E. $>\bar{x}+1.645S$

4. 检测某地 150 名健康男性的血红蛋白，其分布近似于正态分布，若据此估计该地健康男性的血红蛋白 99%的参考值范围，则最好采用的计算式为（　　）。

A. $\bar{x}\pm1.645S$　　B. $\bar{x}\pm2.58S$　　C. $\bar{x}\pm1.96S$
D. $<\bar{x}-1.645S$　　E. $>\bar{x}+1.645S$

5. 成年女性血红蛋白含量的医学参考值范围指（　　）。

A. 所有健康成年女性血红蛋白含量的波动范围
B. 所有成年女性血红蛋白含量的波动范围
C. 绝大多数“正常”成年女性血红蛋白含量的波动范围
D. 50%的“正常”成年女性血红蛋白含量的波动范围
E. 不低于 50%的成年女性血红蛋白含量的波动范围

6. 若 x 服从正态分布，则 x 的均数与中位数的关系为（　　）。

A. 均数＞中位数　　B. 均数＜中位数　　C. 均数≥中位数
D. 均数≤中位数　　E. 均数=中位数

7. 某疾病预防控制中心对 42 名麻疹易感儿童经气溶胶免疫 1 个月后，测得其血凝抑制抗体滴度数据见本书第一章的表 1-3。宜计算（　　）反映血凝抑制抗体滴度的平均水平。

A. 算术平均数　　B. 几何平均数　　C. 中位数　　D. 四分位间距　　E. 全距

8. 某医师研究转移因子治疗慢性气管炎病人 16 例，治疗前后的 E 玫瑰花样细胞百分比如表 3-1。E 玫瑰花样细胞百分比治疗前后差值 d 服从正态分布，则宜计算（　　）描述 d 的中心位置与离散程度。

表 3-1　慢性气管炎病人治疗前后的 E 玫瑰花样细胞百分比　　（单位：%）

病人号	治疗前 x_1	治疗后 x_2	$d=x_2-x_1$
1	22	68	46
2	21	33	12
3	62	62	0
4	29	28	−1
5	16	36	20
6	25	39	14
7	20	50	30
8	35	38	3
9	34	63	29
10	24	11	−13
11	37	59	22
12	22	47	25

续表

病人号	治疗前 x_1	治疗后 x_2	$d=x_2-x_1$
13	27	41	14
14	21	41	20
15	35	56	21
16	39	43	4

A. M 与 IQR　B. M 与 R　C. $\bar{x}$ 与 IQR　D. $\bar{x}$ 与 S　E. $\bar{x}$ 与 R

9. 研究人员为了解某地居民发汞（头发中汞的含量）的基础水平，为汞污染的环境监测积累资料，调查了留住该市一年以上，无明显肝、肾疾病，无汞作业接触史的居民 230 人的发汞水平如表 3-2 所示。

表 3-2　某地居民发汞的频数情况　（单位：μmol/kg）

发汞值	1.5～	3.5～	5.5～	7.5～	9.5～	11.5～	13.5～	15.5～	17.5～	19.5～
人数	20	60	60	46	18	16	6	1	0	3

宜计算（　　）反映发汞值的平均水平。

A. 算术平均数　B. 几何平均数　C. 中位数　D. 四分位间距　E. 全距

10. 对于上题，宜计算（　　）反映发汞值的离散程度。

A. 全距　B. 四分位间距　C. 方差　D. 标准差　E. 变异系数

二、判断题（请在以下题干后面的括号内标记 T 或 F，正确者标记 T，错误者标记 F）

1. 医学参考值理论上是指全部“正常人”某指标值所在范围。（　　）
2. 对于偏态分布资料，可采用均数来描述其中心位置。（　　）
3. 对于正态分布资料，宜采用全距来描述其离散程度。（　　）
4. 对于对数正态分布资料，宜采用几何平均数来描述其平均水平。（　　）
5. 可采用 $\bar{x}\pm1.645S$ 估计 95%的医学参考值范围。（　　）

三、简答题及应用题

1. 用于描述一组同质观察值的集中位置的指标有哪些，各适用于什么情况？

2. 某课题组抽样调查某地 100 名 20 岁正常女子身高均数为 157.3cm，标准差为 4.9cm；体重均数为 53.7kg，标准差为 4.9kg。是否可认为二者变异度相同？为什么？据此资料，如何制定该地 20 岁正常女子身高与体重的医学参考值范围？

3. 调查了某地 121 名 30～40 岁的健康男子血清总胆固醇值（mmol/L）（假定所得数据呈正态分布），已算得 $\bar{x}$ =4.72 mmol/L，s=0.87 mmol/L。现查得该地一名 35 岁的健康男子血清总胆固醇值为 6.72 mmol/L，若按双侧 95%正常值范围来估计，其血清总胆固醇值正常否？

4. 某医生应用泼尼松、转移因子和胸腺肽治疗系统性红斑狼疮（SLE）病人 14 人。治疗前后血清 Sil-2R（U/ml）数据见本书第一章的表 1-2。对于治疗前后血清 Sil-2R 的变化值 d=治疗前血清 Sil-2R 值–治疗后血清 Sil-2R 值，请选择统计指标进行描述，同时请说明选择指标的理由。

5. 某地调查了 150 名 10 岁的女生身高均数为 $\bar{x}=142.50\text{cm}$，标准差为 $S=3.60\text{cm}$，试估计：

（1）该地 10 岁女孩身高在 150cm 以上者占该地 10 岁女孩总数的百分比。

（2）身高在 140～148cm 者占该地 10 岁女孩总数的百分比。

四、案例

在评价精氨酸谷氨酸注射液治疗慢性肝病伴高血氨病人的有效性和安全性临床试验中，试验组（精氨酸谷氨酸注射液）120 人中，显效 80 人，有效 30 人，无效 10 人。研究者将显效记为 2 分，有效记为 1 分，无效记为 0 分，则疗效的平均水平为 1.58 分。请对此进行评述。

五、SPSS 操作与结果解读

某班 60 名学生的医学统计学考试成绩如表 3-3。

表 3-3　60 名学生医学统计学成绩　（单位：分）

78	85	93	78	76	81	88	89	91	79
88	89	83	91	90	78	81	85	88	89
77	80	83	88	82	81	90	87	86	90
91	94	78	74	78	84	83	83	80	93
91	90	89	84	87	78	75	83	85	84
92	80	89	88	88	79	84	83	89	86

试完成下列操作：①检验学生医学统计学的考试成绩是否呈正态分布；②计算均数、标准差、中位数、全距与四分位间距。

（1）SPSS 操作。依次点击“File”→“Open”→“Data”选项，从文件中读入数据。见图 3-1。

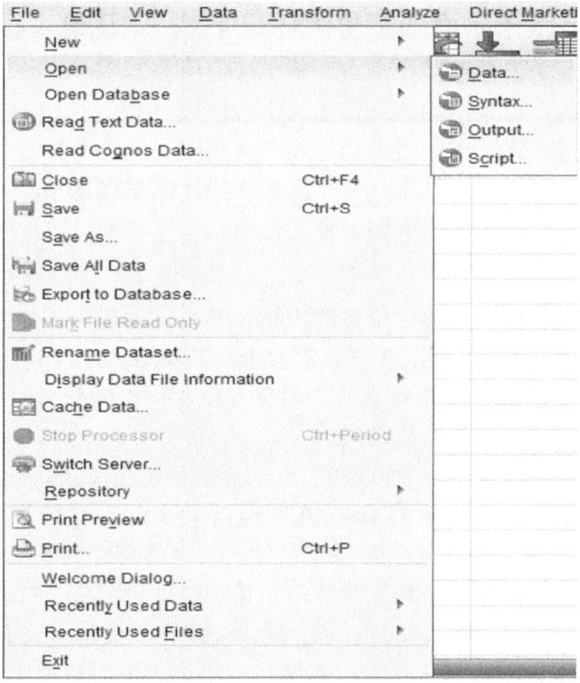

图 3-1　数据读入界面

数据的正态性检验及统计描述步骤：依次点击“Analyze”→“Descriptive Statistics”→“Explore”。见图 3-2。

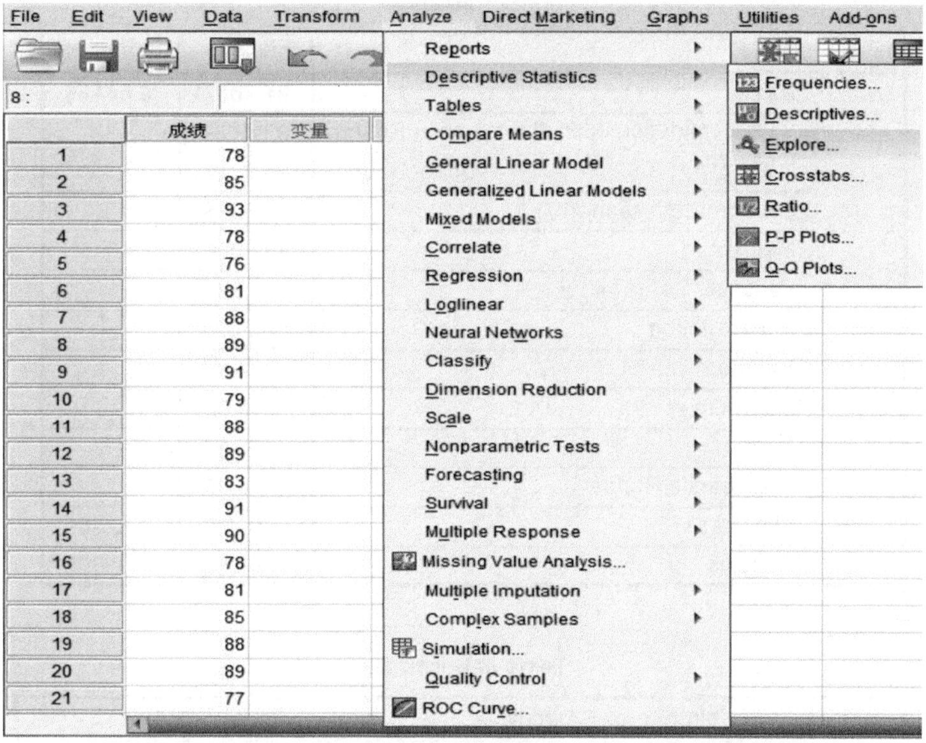

图 3-2　选择参数

点击 Explore 跳出一个对话框，选择要分析的变量，选入因变量框内，然后点选 Plots，设置输出直方图，选择输出正态性检验图表，注意 Display 要选择 Both。见图 3-3。

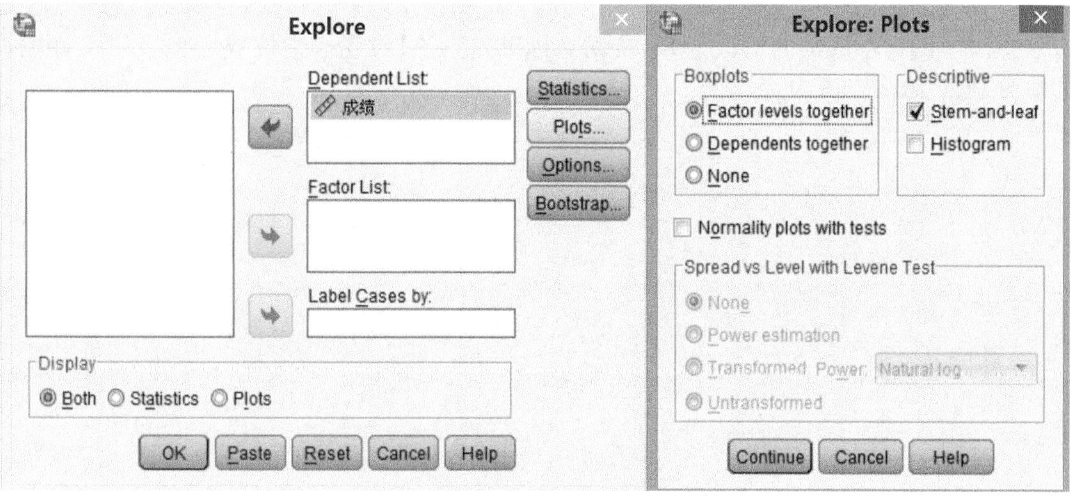

图 3-3　选择分析变量及输出图形

（2）结果及主要解读。正态性检验，Kolmogorov-Smirnov 法，P=0.008；Shapiro-Wilk 法，P=0.063（按 0.05 检验水准，可认为学生医学统计成绩近似服从正态分布（在 SPSS 中一般样本量 50 以内用 Shapiro-Wilk 法）（图 3-4）。

Descriptives

			Statistic	Std. Error
成绩	Mean		84.7667	0.66186
	95% Confidence Interval for Mean	Lower Bound	83.4423	
		Upper Bound	86.0910	
	5% Trimmed Mean		84.8333	
	Median		85.0000	
	Variance		26.284	
	Std. Deviation		5.12675	
	Minimum		74.00	
	Maximum		94.00	
	Range		20.00	
	Interquartile Range		8.75	
	Skewness		-0.208	0.309
	Kurtosis		-0.985	0.608

Tests of Normality

	Kolmogorov-Smirnov[a]			Shapiro-Wilk		
	Statistic	df	Sig.	Statistic	df	Sig.
成绩	0.136	60	0.008	0.963	60	0.063

a. Lilliefors Significance Correction

图 3-4

学生医学统计学成绩的均数为 84.77 分，标准差为 5.127 分，中位数为 85 分，全距与四分位间距分别为 20 分与 9 分。

（邓　丹）

第四章　定性变量资料统计描述

【学习目标】

（1）掌握常用相对数指标。
（2）掌握相对数应用的注意事项。
（3）熟悉标准化法的基本思想与直接标准化法。
（4）了解二项分布及其分布特征。

【内容精要】

一、二项分布

1. 二项分布的概念　如果每个观察对象阳性结果的发生概率均为π，阴性结果的发生概率均为（$1-\pi$），而且各个观察对象的结果是相互独立的，那么重复观察n次，发生阳性结果的次数X的概率分布为二项分布，记作$B(n,\pi)$。其概率函数$P(x)$的计算式为

$$P(x)=C_n^x\pi^x(1-\pi)^{n-x}$$

二项分布是医学中较为常见的一种离散型分布，亦称伯努利分布。

二项分布：①每次试验只会发生两种对立的可能结果之一；②每次试验产生某种结果（如“阳性”）的概率固定不变；③重复试验是相互独立的。

2. 二项分布的特征

（1）二项分布的参数为π与n。$\pi=0.5$时，图形对称；$\pi<0.5$时，图形左偏；$\pi>0.5$时，图形右偏；对相同的n，π越远离0.5，对称性越差。

（2）对于相同参数π，随着n的增大，分布逐渐趋于对称。一般地，当$n\pi$与$n(1-\pi)$同时大于5时，二项分布将逼近正态，故正态分布是二项分布的一种极限形式。

（3）二项分布的总体均数为$\mu=n\pi$，方差为$\sigma^2=n\pi(1-\pi)$，标准差为$\sigma=\sqrt{n\pi(1-\pi)}$；如果将出现阳性结果的频率记为$p=\dfrac{X}{n}$，则$p$的总体均数为$\mu_p=\pi$，标准差为$\sigma_p=\sqrt{\dfrac{\pi(1-\pi)}{n}}$。

二、常用相对数指标

1. 率（rate）　是某事件实际发生的总数与该事件可能发生的总数之比。

率=（某事件实际发生的总数/该事件可能发生的总数）×比例基数

2. 相对比（ratio）　指两个有关联的指标A与B之比，简称比。

相对比=（A/B）×100%

3. 构成比（proportion）　指若一个事物由若干成分构成，则其中某一成分在整个事物中

所占的比例或比重。

构成比=（某一成分的数量/事物所有成分的数量之和）×100%

三、应用相对数时的注意事项

1. 分母应足够大 如果样本例数较少，则相对数不够稳定，这时最好使用绝对数直接表示。

2. 构成比不能代替率 构成比反映比例或比重，而率则体现某事物发生的频率大小。

3. 合并率的正确计算 两组同质的资料求其合并率时，应将两组分子之和除以两组分母之和。

4. 资料的可比性 在相对数指标比较时，除了研究因素不同之外，其余的因素应尽可能相同或相近，主要观察对象其内部结构尽可能相同。

四、率的标准化法

1. 标准化法的基本思想 两组（或多组）率进行比较时，由于某因素的内部构成不同而对该率产生影响，为消除构成不同所带给率的影响，则需对率作标准化（standardization）处理。因此，标化率的目的在于消除内部构成的不同，使通过标准化后的标准化率具有可比性。

2. “标准”的选择

（1）将各组人口数合并作为“标准”。

（2）任选一组人口数作为“标准”。

（3）在比较组之外另选一个更大的人口群体作为“标准”。

3. 直接标准化法的步骤（以死亡率为例）

（1）选定“标准人口”。

（2）分别计算在“标准人口”下的预期死亡人数。

（3）分别计算两地的标准化死亡率 $p=\dfrac{\sum n_i p_i}{n}\times 100\%$。其中，$n$ 为标准人口数，n_i 为第 i 组“标准人口数”，p_i 为第 i 组“原死亡率”。

【习题】

一、选择题

1. 用某新药治疗急性腹泻病人 5 例，一周后治愈 4 例，由此可认为（ ）。

A. 该新药疗效好，5 例病人中 4 例治愈

B. 该新药疗效一般，5 例病人中 4 例治愈

C. 该新药的治愈率为 80%

D. 此研究治疗例数太少，且无“对照”，尚无法说明新药的疗效如何

E. 该新药对 5 例病人中 4 例有效，具有临床应用价值

2. 用某新药治疗急性腹泻病人 5 例，一周后治愈 4 例，疗效最好表示为（ ）。

A. 治愈率 80%　　B. 治愈率 0.8　　C. 治愈 4/5

D. 治愈 4∶5　　　　　　E. 未愈率 20%

3. 经调查甲、乙两省糖尿病患病率分别为 9.21%、9.56%，按照标准人群年龄构成标化后，甲、乙两省糖尿病患病标化率分别为 9.96%、9.72%，故可认为（　　）。

A. 甲省年龄别人口构成较乙省年轻　　　　B. 甲省年龄别人口构成较乙省老化

C. 甲、乙两省糖尿病患病率差别具有统计学意义　　D. 甲省的糖尿病诊断较乙省准确

E. 乙省的糖尿病诊断较甲省准确

4. 某大学城医院 2018 年 10 月门诊就诊者年龄分布情况如表 4-1。

表 4-1　某大学城医院 2018 年 10 月门诊就诊者年龄分布

年龄（岁）	人数	百分比（%）
＜15	6598	12.4
15～24	37405	70.3
25～34	2288	4.3
35～44	1862	3.5
45 及以上	5055	9.5
合计	53208	100.0

因此可认为（　　）。

A. 15～24 岁者最容易患病　　　　B. 15～24 岁者最容易就诊

C. 患病率以 15～24 岁者为最高　　D. 就诊者以 15～24 岁人群为主

E. 25～44 岁就诊概率较低

5. 一人群中某疾病发生的阳性数 X 服从二项分布，则从该人群中随机抽出 n 人，则阳性数 X 至多为 k 人的概率为（　　）。

A. $P(0)+P(1)+\text{L}\ +P(k)$　　　　B. $P(1)+P(2)+\text{L}\ +P(k)$

C. $P(k)+P(k+1)+\text{L}\ +P(n)$　　　D. $P(0)+P(1)+\text{L}\ +P(k-1)$

E. $P(k+1)+P(k+2)+\text{L}\ +P(n)$

6. 2017 年某市一所三级综合医院及一所二级专科医院收治急性胰腺炎（AP）病人的病情及疗效见表 4-2。

表 4-2　2017 年某市两所医院治疗急性胰腺炎病人的疗效

入院病情	三级综合医院		二级专科医院	
	治疗人数	治愈率（%）	治疗人数	治愈率（%）
轻度组（MAP1 组）	50	98	400	95
中度组（MSAP 组）	100	95	150	90
重度组（SAP1 组）	500	80	50	70
合计	650	84	600	92

反映两所医院病人入院时病情严重程度的均衡性，宜采用（　　）。

A. 轻度、中度、重度病人数占本院收治全部病人数的比例

B. 两所医院轻度、中度、重度病人各自的构成比

C. 两所医院重度病人数之比

D. 两所医院轻度病人数之比

E. 两所医院各自重度病人与轻度病人数之比

7. 针对上题所列数据，可认为（　　）。
A. 总体看来，二级专科医院治疗急性胰腺炎技术更好
B. 尚不能认为二级专科医院治疗急性胰腺炎技术更好，应依据标准化治愈率作出推论
C. 两所医院对病人病情的判断标准可能不一致
D. 两所医院对疗效的判断标准可能不一致
E. 二级专科医院治疗人数略少，因而治疗更仔细，疗效更好
8. 在新药临床试验中，计算某一不良反应发生率时，其分母为（　　）。
A. 完成全程试验的受试者人数
B. 服用药品的所有受试者人数
C. 发生各种不良反应的受试者人次数
D. 发生该不良反应的受试者人次数
E. 所有终止试验的受试者人数
9. 在新药临床试验安全性评价中，计算某指标转异常率时，其分母为（　　）。
A. 完成全程试验的受试者人数
B. 服用药品的所有受试者人数
C. 用药前该指标正常的受试者人数
D. 所有终止试验的受试者人数
E. 发生各种不良反应的受试者人次数
10. 某医生观察了 2018 年 10 月收治的 100 名肺癌病人性别情况，男性 60 人，女性 40 人，据此认为（　　）。
A. 男性患肺癌风险更高
B. 男性肺癌病人更容易就诊
C. 当月收治肺癌病人男性占 60%
D. 男性肺癌发病率为 60%
E. 男性肺癌患病率为 60%

二、判断题（请在以下题干后面的括号内标记 T 或 F，正确者标记 T，错误者标记 F）

1. 一研究人员对某社区 15 岁及以上居民进行了高血压患病情况调查，10.5 万名被调查者中，已明确诊断的高血压病人 26 301 人。则该社区 15 岁及以上居民高血压发病率为（26 301/105 000）×100%。（　　）

2. 某医师采用 A 药治疗 2 型糖尿病病人 2 人，其中 1 人有效，1 人无效，则 A 药治疗 2 型糖尿病病人的有效率为 50%。（　　）

3. 某社区老年人白内障的患病情况见表 4-3。则可认为 60～69 岁组患白内障的概率最大，其次是 50～59 岁组，最低是 80 岁及以上组。（　　）

表 4-3　某社区老年人白内障的患病情况

年龄组（岁）	受检人数	患病人数	病人年龄构成（%）
40～49	560	68	15.19
50～59	441	129	28.79
60～69	296	135	30.13
70～79	149	97	21.65
≥80	22	19	4.24
合计	1468	448	100.00

4. 某地甲、乙两所医院胃癌（Ⅱ和Ⅲa 期）术后 5 年生存率资料如表 4-4。则可认为甲医院胃癌病人术后 5 年生存率较乙医院低。（ ）

表 4-4 甲乙两医院胃癌术后 5 年生存率

胃癌分期	甲医院			乙医院		
	病例数	生存数	生存率（%）	病例数	生存数	生存率（%）
Ⅱ	50	36	72.00	168	120	71.43
Ⅲa	150	80	53.33	63	27	42.86
合计	200	116	58.00	231	147	63.64

5. 某年某地几种传染病的病死率见表 4-5。则这几种传染病合计病死率为（5.8%+14.8%+1.2%+3.7%+9.8%+2.5%）/6。（ ）

表 4-5 某年某地几种传染病的病死率

病种	病死率（%）	病种	病死率（%）
手足口病	5.8	流行性乙型脑炎	14.8
痢疾	1.2	伤寒与副伤寒	3.7
白喉	9.8	流感	2.5

三、简答题及应用题

1. 应用相对数时应注意哪些问题？

2. 某产院拟分析畸形儿与母亲分娩年龄的关系，检查了新生儿 4470 例，畸形儿 116 例。得到表 4-6，据此得出结论：母亲在 24～29 岁分娩时，出现畸形儿可能性最大。

表 4-6 畸形儿与母亲分娩年龄的关系

年龄	21	23	24	25	26	27	28	29	30	31	32	33	合计
例数	1	2	14	19	24	18	19	13	3	1	1	1	116
百分比(%)	0.86	1.70	12.10	16.38	20.70	15.50	16.38	11.20	2.60	0.86	0.86	0.86	100.00

请问：（1）以上结论是否合理？为什么？

（2）若要达到作者的目的，应计算什么指标较好？如何计算？

3. 已知某新药治疗急性腹泻的有效率为 0.8，现使用该药治疗 10 名该病病人，求不少于 8 人有效的概率是多少？（列出计算公式即可）

4. 一研究者抽取了 160 名某疾病病人，分别采用甲、乙两种疗法进行治疗，其疗效见表 4-7。据表中数据，无论针对病情轻度还是重度的病人，甲法治愈率均略高于乙法，而为什么会出现治愈率合计值反而是甲法略低于乙法？应如何评价甲、乙两种疗法的疗效？

表 4-7 两种疗法的治愈率情况

病情	甲法			乙法		
	病人数	治愈数	治愈率（%）	病人数	治愈数	治愈率（%）
轻度	20	13	65	60	36	60
重度	60	27	45	20	8	40
合计	80	40	50	80	44	55

5. 某医院对 100 例可疑肺癌病人进行了 CT 检查，并将结果与病理组织学诊断进行对比，见表 4-8。针对这 100 例就诊者，CT 检查肺癌的检出率、误诊率和漏诊率各为多少？

表 4-8 可疑肺癌病人 CT 检查与病理组织学诊断结果

病理组织学诊断	CT 检查		合计
	+	–	
+	37	27	64
–	12	24	36
合计	49	51	100

四、案例

某研究者为了解重庆市 4 个区县农村居民高血压的患病情况，于 2017 年采用整群随机抽样方法在每个区县各抽取 1 个村，抽中 A、B、C、D 村，对抽中村 18 岁及以上居民的性别、年龄、高血压家族史、是否患有高血压病等信息进行调查，结果见表 4-9。请根据调查所获信息提出统计描述性分析思路。

表 4-9 各村高血压患病情况调查

编号	村	性别（男：1，女：0）	年龄（岁）	高血压家族史（有：1，无：0）	高血压患病（有：1，无：0）
1	A	1	25	1	0
2	A	0	78	0	1
…	…	…	…	…	…
55879	D	0	68	1	0
55880	D	1	49	0	1

（邓　丹）

第五章　统计表与统计图

【学习目标】

（1）掌握绘制统计表的基本原则与基本要求。
（2）掌握常用统计图的正确应用。
（3）熟悉常用统计图（直条图、圆图与百分条图、线图与半对数线图、直方图、散点图、箱式图）的绘制。
（4）了解统计地图的绘制方法。

【内容精要】

一、统　计　表

统计表（statistical table）是将统计分析的指标及其结果以表格的形式呈现。

1. 统计表的结构　一般包括标题、标目、线条、数值和备注 5 个部分。

2. 统计表的种类　根据标目的复杂程度，统计表可分为简单表与复合表。

3. 编制统计表的注意事项　重点突出，简单明了，合理安排标目，层次清楚，数据准确无误。

二、统　计　图

统计图（statistical chart）是用点的位置、线段的升降、直条的长短、面积的大小来表达统计数据的一种形式。

1. 常用统计图及适应范围（表 5-1）　条图、百分条图、圆图、线图、半对数线图、散点图、箱式图和统计地图等是常用统计图形。

表 5-1　常用统计图及适用范围

图形	资料性质	分析目的
条图	相互独立	用直条长短表示数值大小
百分条图	构成比	用长条各段的长度（面积）表示内部构成比
圆图	构成比	用圆的扇形面积表示内部构成比
线图	连续性资料	用线段的升降表示事物的动态变化
半对数线图	连续性资料	用线段的升降表示事物的发展速度
直方图	定量变量频数表资料	用直方面积表示各组段的频数或频率
角直方图	圆形数据的频数分布资料	用向外呈放射状直条长度表示频数或频率
点图	定量变量资料	用点来呈现定量变量资料频数分布
多边图	定量变量频数表资料	用曲线下面积表示频数

续表

图形	资料性质	分析目的
箱式图	定量变量资料	用矩形箱及有关线条表示定量变量资料样本分布特征
散点图	双变量资料	用点的密集度和趋势表示两变量间的数量关系
统计地图	地区性资料	用不同密度的线条或颜色代表指标值大小以描述某现象在地域空间上的分布

2. 绘制统计图的基本要求

（1）根据资料的性质和分析的目的选择最合适的图形。

（2）统计图标题位于图的下方，简明扼要地说明图形的主要内容，必要时注明资料收集的时间和地点。

（3）图的纵轴与横轴应标明标目及其单位，注明尺度。条图与直方图纵坐标应从“0”开始，要标明“0”点的位置。纵横坐标长度的比例一般为 5∶7。

（4）比较不同的事物时，可用不同的线条、颜色或阴影表示，并用图例加以说明。

【习题】

一、选择题

1. 对于表 5-2 某年某地几种传染病病死率资料，宜绘制（　　）。

表 5-2　某年某地几种传染病的病死率

编号	病种	病死率（%）
1	手足口病	5.8
2	痢疾	1.2
3	白喉	9.8
4	流行性乙型脑炎	14.8
5	伤寒与副伤寒	3.7
6	流感	2.5

A. 条图　B. 半对数线图　C. 线图　D. 百分条图　E. 散点图

2. 反映某年某医院人体各系统肿瘤发病的构成情况，应绘制（　　）。

A. 直方图　B. 圆图　C. 线图　D. 散点图　E. 直条图

3. 用图形表示某地 2008～2017 年结核病的发病率，以说明结核病在时间上的发展趋势，则应用（　　）。

A. 百分条图　B. 直方图　C. 普通线图　D. 直条图　E. 散点图

4. 绘制统计图的要求中，哪项是错误的（　　）。

A. 纵轴一般从“0”开始　B. 横轴为研究对象

C. 纵轴为统计指标　D. 纵横两轴一般应顺序排列，注明单位

E. 标题说明主要内容，放的位置可自由设定

5. 以下统计图的纵轴必须从“0”开始的是（　　）。
A. 线图　B. 直条图　C. 半对数图　D. 百分比条图　E. 圆形图
6. 根据某地0～12岁儿童龋齿患病情况的调查资料，反映龋齿儿童的年龄分布可用（　　）。
A. 普通线图　B. 半对数线图　C. 直方图　D. 直条图　E. 圆图
7. 欲比较某地2001～2015年伤寒与结核死亡率的变化速度，宜使用的统计图为（　　）。
A. 复式条图　B. 百分条图　C. 线图　D. 半对数线图　E. 散点图
8. 为比较某地主城区、郊区和农村地区的恶性肿瘤死亡率，宜绘制（　　）。
A. 直方图　B. 圆图　C. 直条图　D. 线图　E. 箱式图
9. 为反映某地7岁女孩体重的分布情况，可用（　　）。
A. 直方图　B. 直条图　C. 百分条图　D. 圆图　E. 散点图
10. 为比较甲、乙两地不同性别人群的糖尿病患病情况，宜选用（　　）。
A. 单式条图　B. 复式条图　C. 圆图　D. 半对数线图　E. 普通线图

二、判断题（请在以下题干后面的括号内标记T或F，正确者标记T，错误者标记F）

1. 普通线图是以线段的升降来表示事物的发展速度。（　　）
2. 某地甲、乙、丙3所医院肺癌病人术后5年生存率分别为56%、51%、62%，应绘制线图来反映3所医院肺癌病人5年生存率。（　　）
3. 直条图的纵坐标应从“0”开始。（　　）
4. 撰写科技论文中，为使统计表更清晰，每一横行、每一纵列均以实线分隔。（　　）
5. 表格中可插入相关文字于需要说明的地方。（　　）

三、简答题及应用题

1. 统计表结构包括哪些？编制统计表的基本原则是什么？
2. 普通线图与半对数线图有何区别？
3. 某省甲、乙、丙3个县心脏病与恶性肿瘤的死亡率资料如表5-3，请绘制合适的统计图描述该资料。

表5-3　某省甲、乙、丙3个县心脏病与恶性肿瘤的死亡率　（单位：1/10万）

死因	甲县	乙县	丙县
心脏病	72.5	83.4	95.3
恶性肿瘤	57.2	156.3	230.2

4. 某地城市与农村地区1995～2015年5岁以下儿童死亡率的变化情况如表5-4，请绘制适当的统计图进行描述。

表5-4　1995～2015年某地城市与农村地区5岁以下儿童死亡率的变化情况　（单位：1/10万）

地区	1995年	2000年	2005年	2010年	2015年
农村	100.6	88.3	65.7	30.3	15.5
城市	97.8	86.5	61.2	26.7	13.4

5. 图5-1为某期刊一篇文章中关于2000年3个地区乙型肝炎感染率的比较的统计图，该图形绘制是否正确？若不正确，请对其进行修改。
6. 拟表示两组药物治疗急性心肌梗死病人的疗效，绘制了表5-5。请指出表5-5绘制中存在的问题，并作修改。

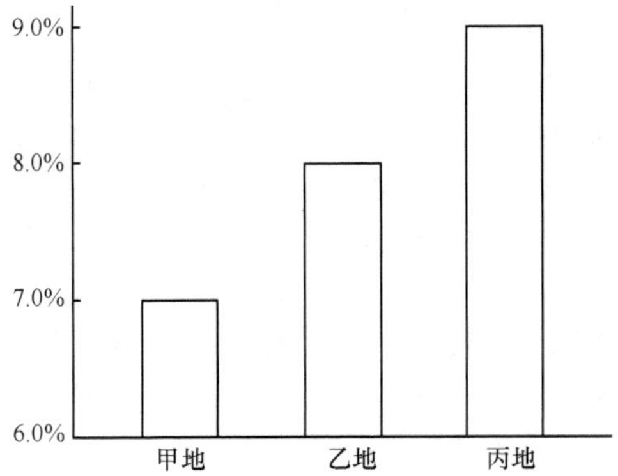

图 5-1　2000 年 3 个地区乙型肝炎感染率的比较

表 5-5　两组药物治疗急性心肌梗死病人的疗效比较

效果 / 总例数	标准药组			新药组		
	例数	结果良好	结果死亡	例数	结果良好	结果死亡
26	14	8	6	12	11	1

7. 某研究者欲研究耳垂血白细胞数与手指血白细胞数的关系，打算利用表 5-6 资料绘制线图，您认为合理吗？若不合理，宜绘制什么图形？

表 5-6　耳垂血和手指血白细胞数　（单位：g/L）

编号	耳垂血	手指血
1	6.2	5.3
2	9.6	6.5
3	5.4	4.9
4	8.2	7.4
5	9.8	8.2
6	4.8	4.5
7	5.9	4.3
8	8.7	7.1
9	6.3	4.9

四、案例

某研究者为了解重庆市 4 个区县农村居民高血压的患病情况，对 A、B、C、D 四个村 18 岁及以上居民的性别、年龄、高血压家族史、是否患有高血压等信息进行了调查，结果见第四章的表 4-9。请根据调查所获信息提出统计图形绘制计划。

五、SPSS 操作与结果解读

1. 一研究者抽取了 160 名某疾病病人，分别采用甲、乙两种疗法进行治疗，其疗效见表 5-7。请绘制恰当的统计图以反映不同病情病人的疗效。

表 5-7　两种疗法的治愈率情况

病情	甲法			乙法		
	病人数	治愈数	治愈率（%）	病人数	治愈数	治愈率（%）
轻度	20	13	65	60	36	60
重度	60	27	45	20	8	40

（1）SPSS 操作。按图 5-2 形式录入数据。

依次点击“Graphs”→“Legacy Dialogs”→“bar”。在弹出的对话框中选择“Clustered”和“Summaries for groups of cases”，单击“Define”，见图 5-3。

	病情	疗法	治愈率
1	轻度	甲法	65
2	轻度	乙法	60
3	重度	甲法	45
4	重度	乙法	40

图 5-2 数据界面

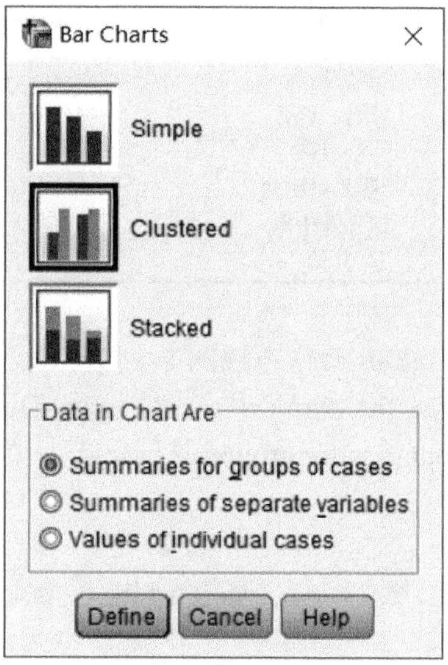

图 5-3 选择参数

将“病情”选入“Category Axis”，将“疗法”选入“Define Clusters by”，点击“Other statistic（e. g. ，mean）”，将“治愈率”选入“Variable”，显示为“MEAN（[治愈率]）”，见图 5-4。设置完成，其余保持默认，点击“OK”完成。

在结果中可双击图片对图形的图片大小、纵坐标、背景颜色、字体大小、条间距等进行调整，见图 5-5。

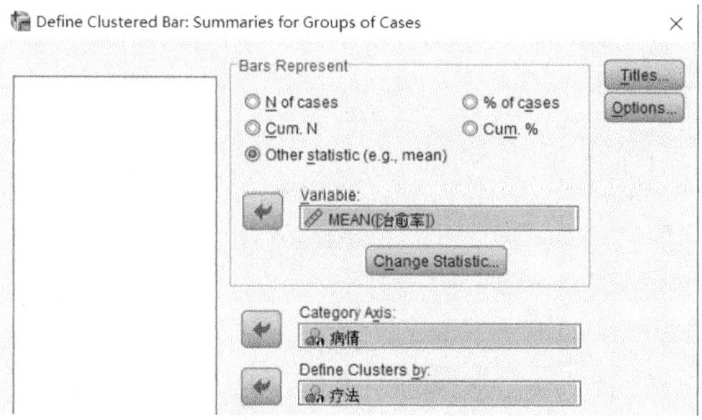

图 5-4 选择分析变量

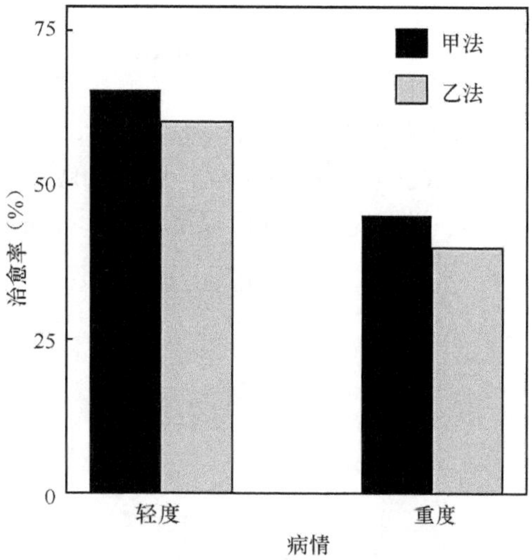

图 5-5 不同疗法对不同病情病人的疗效

（2）结果及主要解读。本例分组因素为病情（轻度、重度），对比组别为疗法（甲法、乙法），故绘制复式直条图，反映甲、乙两疗法不同病情病人的疗效。

2. 2017 年某省辖区的市、县居民主要死亡原因构成见表 5-8。请绘制恰当的统计图以反应市、县居民死亡原因构成。

表 5-8　2017 年某省辖区的市、县居民死亡原因构成

死亡原因	构成比（%）	
	市	县
恶性肿瘤	22.94	20.29
脑血管病	21.23	21.17
心脏病	17.89	11.77
呼吸系统疾病	12.57	23.45
损伤及中毒	8.25	8.47
其他	17.12	14.85

（1）SPSS 操作。按图 5-6 形式录入数据。

依次点击“Graphs”→“Legacy Dialogs”→“Bar Charts”。在弹出的对话框中选择“Stacked”和“Summaries for groups of cases”，单击“Define”，见图 5-7。

	市县	死亡原因	构成比
1	市	恶性肿瘤	22.94
2	市	脑血管病	21.23
3	市	心脏病	17.89
4	市	呼吸系统疾病	12.57
5	市	损伤及中毒	8.25
6	市	其他	17.12
7	县	恶性肿瘤	20.29
8	县	脑血管病	21.17
9	县	心脏病	11.77
10	县	呼吸系统疾病	23.45
11	县	损伤及中毒	8.47
12	县	其他	14.85

图 5-6　数据界面

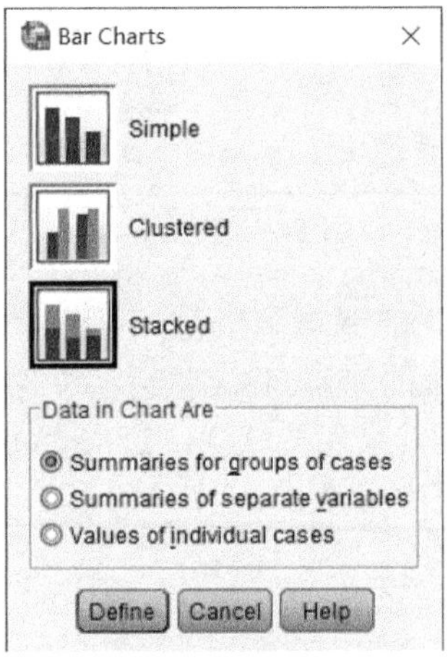

图 5-7　选择参数

将“市县”选入“Category Axis”，将“死亡原因”选入“Define Clusters by”，点击“Other statistic（e. g. ，mean）”，将“构成比”选入“Variable”，显示为“MEAN（[构成比]）”，见图 5-8。设置完成，其余保持默认，点击“OK”完成。

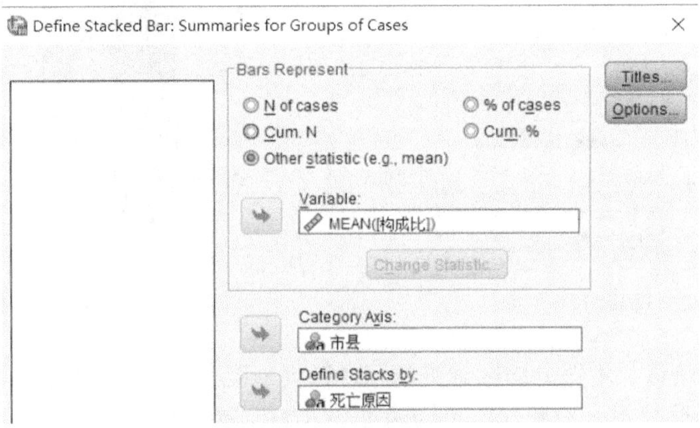

图 5-8　选择分析变量

在结果中可双击图片对图形的图片大小、背景、样式、字体大小等进行调整，见图 5-9。

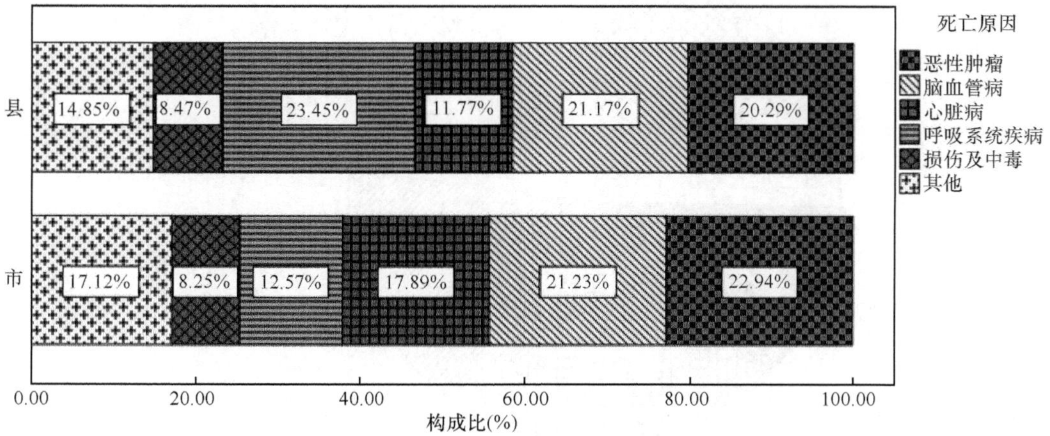

图 5-9　2017 年某省辖区的市、县居民死亡原因构成

（2）结果及主要解读。反映某省市、县居民死亡原因构成，绘制条形构成图，用长条内各段面积所占的百分比表示各原因死亡人数占总死亡人数的比例。

3. 对于表 5-8 资料，请绘制圆形构成图以反映某省辖区的市区居民死亡原因构成。

（1）SPSS 操作。按图 5-10 形式录入数据。

依次点击“Graphs”→“Legacy Dialogs”→“Pie Charts”。在弹出的对话框中选择“Summaries for groups of cases”，单击“Define”，见图 5-11。

	死亡原因	构成比
1	恶性肿瘤	22.94
2	脑血管病	21.23
3	心脏病	17.89
4	呼吸系统疾病	12.57
5	损伤及中毒	8.25
6	其他	17.12

图 5-10　数据界面

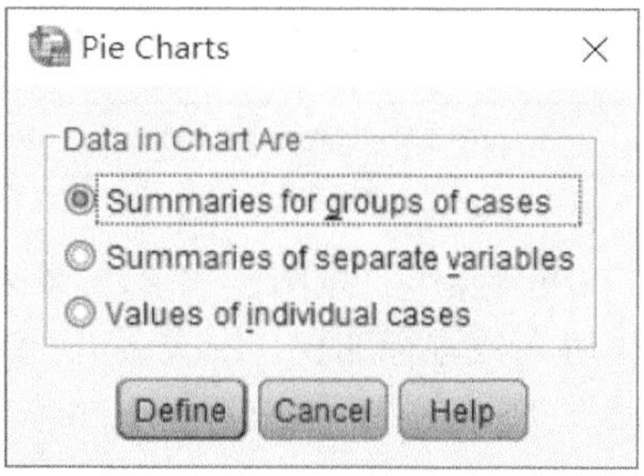

图 5-11　选择参数

点击“Sum of variable”，将“构成比”选入“Variable”，显示为“SUM（[构成比]）”，将“死亡原因”选入“Define Slices by”，见图 5-12。设置完成，其余保持默认，点击“OK”完成。

图 5-12　选择分析变量

在结果中可双击图片对图形的图片大小、背景颜色、样式、字体大小等进行调整，见图 5-13。

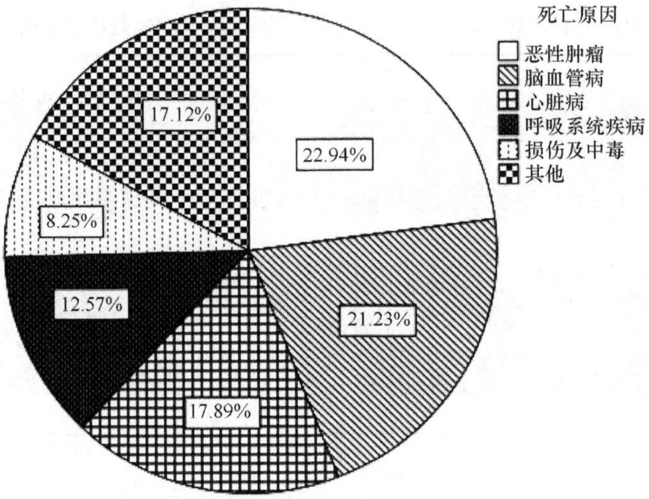

图 5-13　2017 年某省辖区的市区居民死亡原因构成

（2）结果及主要解读。反映某省辖区的市区居民死亡原因构成，可绘制圆形构成图（也可绘制条形构成图），用圆内各扇形面积占总面积比例表示各原因死亡人数占总死亡人数的比例。

4. 研究人员为了解某地居民发汞的基础水平，为汞污染的环境监测积累资料，调查了留住该市一年以上，无明显肝、肾疾病，无汞作业接触史的居民 230 人的发汞含量如表 5-9 所示。请绘制恰当的统计图以反映居民发汞值分布情况。

表 5-9　某地居民发汞值的频数情况　　（单位：μmol/kg）

发汞值	1.5～	3.5～	5.5～	7.5～	9.5～	11.5～	13.5～	15.5～	17.5～	19.5～21.5
人数	20	60	60	46	18	16	6	1	0	3

（1）SPSS 操作。按图 5-14 形式录入数据（发汞值为各组的组中值）。

首先对人数进行加权。依次点击“Date”→“Weight Cases”。在弹出的对话框中选择“Weight cases by”，将“人数”选入“Frequency Variable”，点击“OK”，见图 5-15。

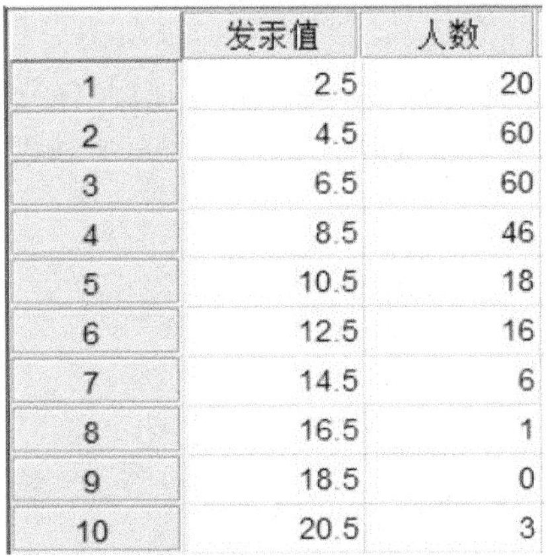

	发汞值	人数
1	2.5	20
2	4.5	60
3	6.5	60
4	8.5	46
5	10.5	18
6	12.5	16
7	14.5	6
8	16.5	1
9	18.5	0
10	20.5	3

图 5-14　数据界面

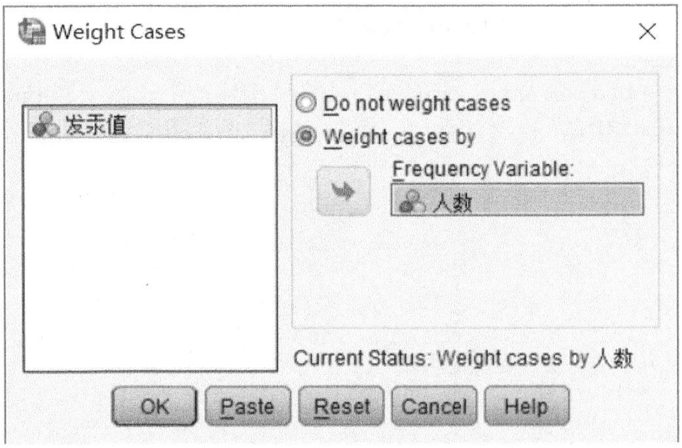

图 5-15　加权人数

依次点击“Graphs”→“Legacy Dialogs”→“Histogram”。在弹出的对话框中将“发汞值”选入“Variable”，点击“Display normal curve”，点击“OK”，见图 5-16。设置完成，其余保持

默认，点击“OK”完成。

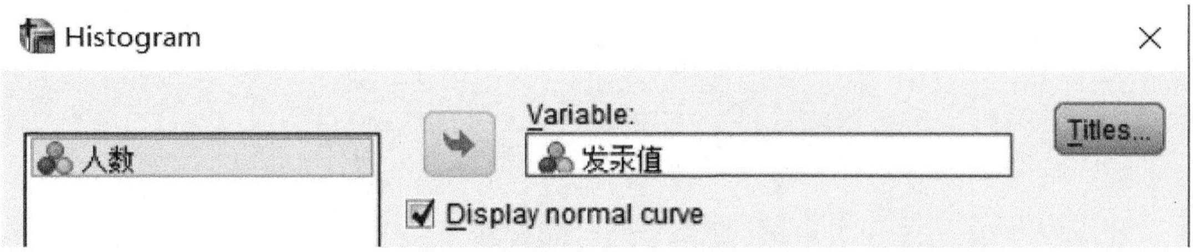

图 5-16　选择参数

在结果中可双击图片对图形的图片大小、背景、样式、字体大小等进行调整，见图 5-17。

（2）结果及主要解读。反映某地居民发汞值（定量变量资料）分布情况，故绘制直方图，横轴表示发汞值的分组，纵轴表示各组别对应的频数。

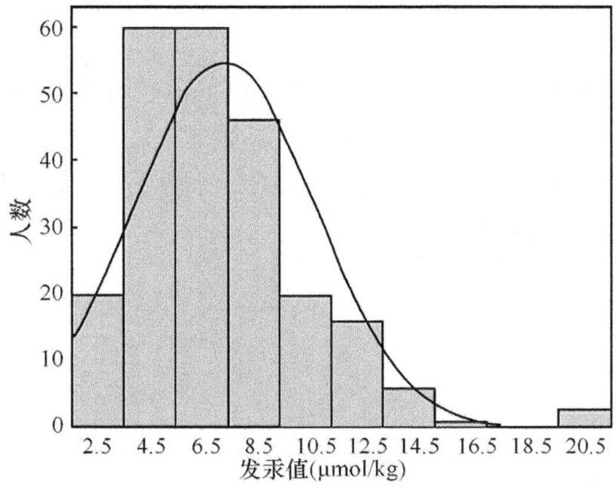

图 5-17　某地 230 名居民发汞值的直方图

5. 2005～2017 年某市艾滋病的发病率和死亡率见表 5-10。请绘制恰当的统计图以反映艾滋病的发病率和死亡率变化趋势与速度。

表 5-10　2005～2017 年某市艾滋病的发病率和死亡率

年份（年）	发病率（1/10 万）	死亡率（1/10 万）
2005	3.41	0.03
2006	2.63	0.03
2007	3.43	0.12
2008	4.48	0.28
2009	6.91	0.43
2010	6.36	0.58
2011	7.87	1.23
2012	9.87	1.75
2013	12.46	1.78
2014	14.01	2.29
2015	15.06	2.28
2016	16.29	3.07
2017	18.24	16.29

（1）SPSS 操作。按图 5-18 形式录入数据。

	年份	发病率	死亡率
1	2005	3.41	.03
2	2006	2.63	.03
3	2007	3.43	.12
4	2008	4.48	.28
5	2009	6.91	.43
6	2010	6.36	.58
7	2011	7.87	1.23
8	2012	9.87	1.75
9	2013	12.46	1.78
10	2014	14.01	2.29
11	2015	15.06	2.28
12	2016	16.29	3.07
13	2017	18.24	16.29

图 5-18　数据界面

线图绘制：

依次点击“Graphs”→“Legacy Dialogs”→“Line Charts”。在弹出的对话框中选择“Multiple”和“Values of individual cases”，单击“Define”，见图 5-19。

将“发病率”“死亡率”选入“Lines Represent”，“年份”选入“Variable”，见图 5-20。设置完成，其余保持默认，点击“OK”完成。

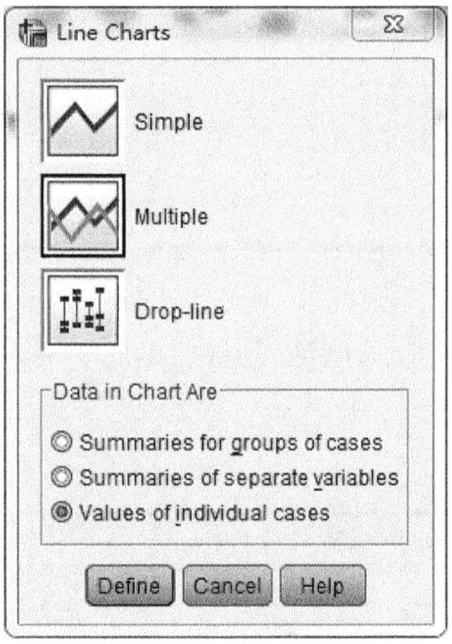

图 5-19　选择参数

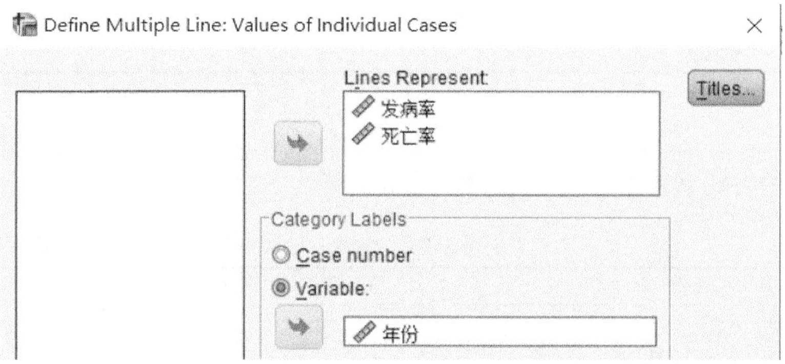

图 5-20　选择分析变量

在结果中可双击图片对图形的纵坐标、图片大小、背景、样式、字体大小等进行调整，见图 5-21。

半对数线图绘制：对表 5-10 资料进一步做半对数线图。

双击图片，选中并双击纵坐标，在弹出的对话框中选择“Scale”，分别将“Minimum”改为“0”、“Maximum”改为“100”，勾选“Type”中的“Logarithmic”，在“Base”里填写“10”，设置完成，其余保持默认，点击“Apply”完成，见图 5-22。

在结果中可双击图片对图形的纵坐标、图片大小、背景、样式、字体大小等进行调整，见图 5-23。

（2）结果及主要解读。反映某市 2005～2017 年艾滋病发病率和死亡率的变化趋势，可绘制线图，拟比较 2005～2017 年艾滋病发病率和死亡率的增长速度，可绘制半对数线图。

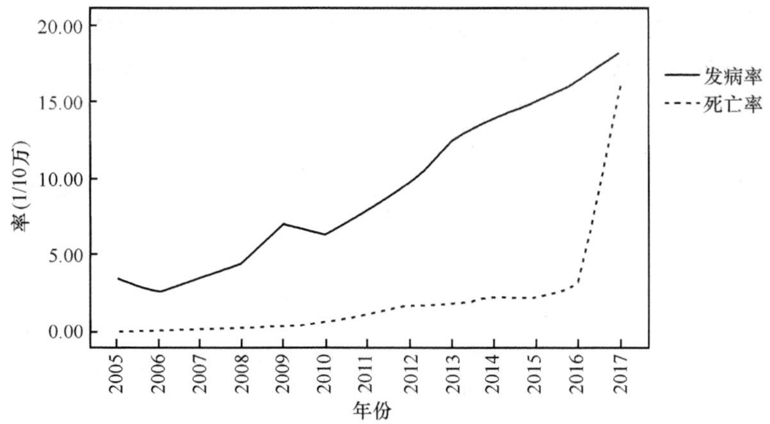

图 5-21　2005～2017 年某市艾滋病的发病率和死亡率线图

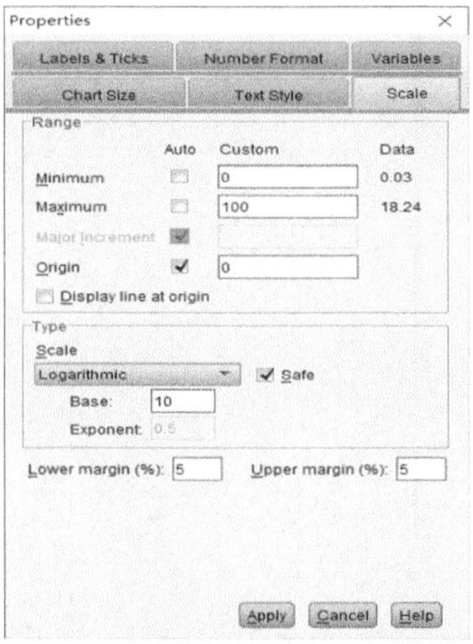

图 5-22　选择半对数线图参数

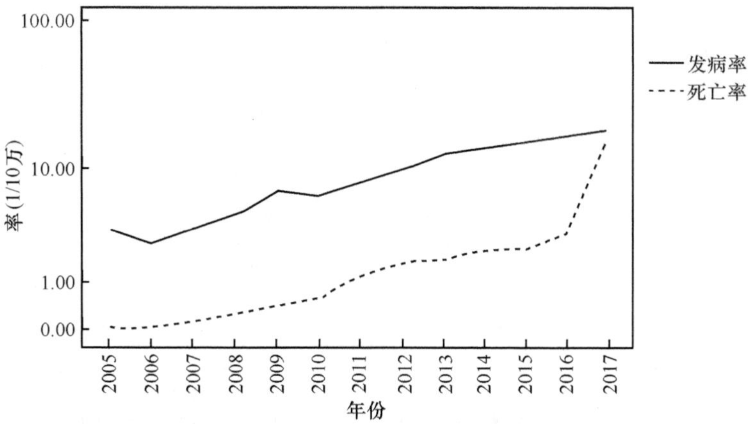

图 5-23　2005～2017 年某市艾滋病的发病率和死亡率半对数线图

6. 请绘制箱式图反映慢性气管炎病人治疗前与治疗后的 E 玫瑰花样细胞百分比的分布特征。慢性气管炎病人治疗前后的 E 玫瑰花样细胞百分比见本书第一章的表 1-4。

（1）SPSS 操作。按图 5-24 形式录入数据。

依次点击“Graphs”→“Legacy Dialogs”→“Boxplot”。在弹出的对话框中选择“Simple”和“Summaries for groups of cases”，单击“Define”，见图 5-25。

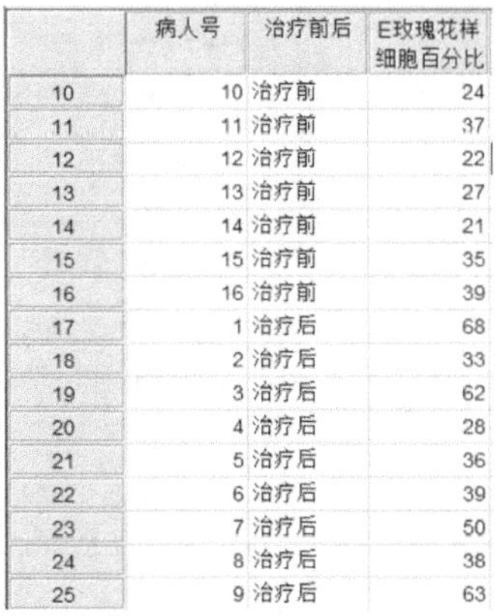

	病人号	治疗前后	E玫瑰花样细胞百分比
10	10	治疗前	24
11	11	治疗前	37
12	12	治疗前	22
13	13	治疗前	27
14	14	治疗前	21
15	15	治疗前	35
16	16	治疗前	39
17	1	治疗后	68
18	2	治疗后	33
19	3	治疗后	62
20	4	治疗后	28
21	5	治疗后	36
22	6	治疗后	39
23	7	治疗后	50
24	8	治疗后	38
25	9	治疗后	63

图 5-24　数据界面（部分）

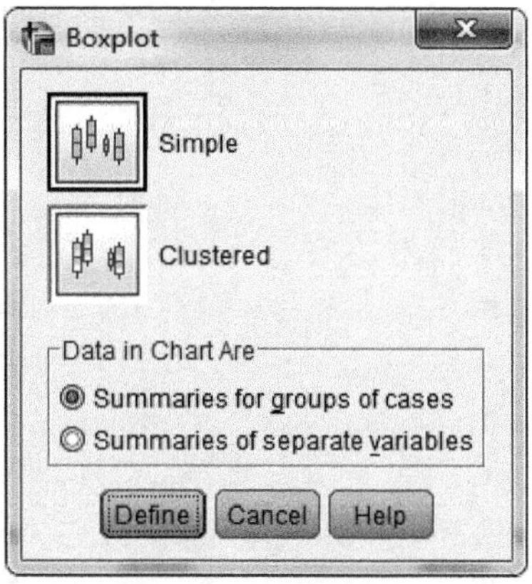

图 5-25　选择箱式图

将“E 玫瑰花样细胞百分比”选入“Variable”，“治疗前后”选入“Category Axis”见图 5-26。设置完成，其余保持默认，点击“OK”完成。

图 5-26　选择参数

在结果中可双击图片对图形的图片大小、背景、样式、字体大小等进行调整，见图 5-27。

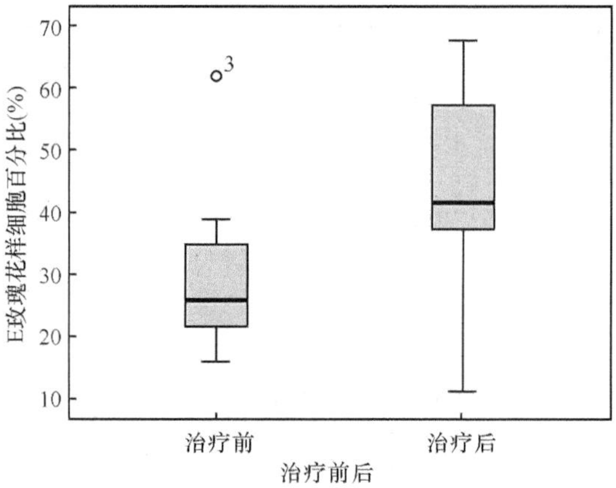

图 5-27　慢性气管炎病人治疗前后的 E 玫瑰花样细胞百分比箱式图

（2）结果及主要解读。本例箱式图反映了慢性气管炎病人治疗前与治疗后的“E 玫瑰花样细胞百分比”的分布特征以及异常值的情况。

7. 某医师研究 10 名妊娠糖尿病病人孕前 BMI 与血糖指标稳态模型的胰岛 β 细胞功能（HOMA-IR）之间的相关关系（表 5-11）。试绘制适宜的统计图形。

表 5-11　10 名妊娠糖尿病病人孕前 BMI 与 HOMA-IR 的测量值

病人号	孕前 BMI（kg/m^2）	HOMA-IR
1	24.74	1.05
2	20.83	3.79
3	23.43	4.10
4	23.95	4.31
5	24.60	2.55
6	22.47	1.70
7	23.42	1.59
8	24.03	2.20
9	22.86	2.84
10	17.54	0.88
合计	227.87	25.01

（1）SPSS 操作。按图 5-28 形式录入数据。

依次点击“Graphs”→“Legacy Dialogs”→“Scatter/Dot”。在弹出的对话框中选择“Simple Scatter”，点击“Define”，见图 5-29。

	病人号	孕前BMI	HOMA_IR
1	1	24.74	1.05
2	2	20.83	3.79
3	3	23.43	4.10
4	4	23.95	4.31
5	5	24.60	2.55
6	6	22.47	1.70
7	7	23.42	1.59
8	8	24.03	2.20
9	9	22.86	2.84
10	10	17.54	.88

图 5-28　数据界面

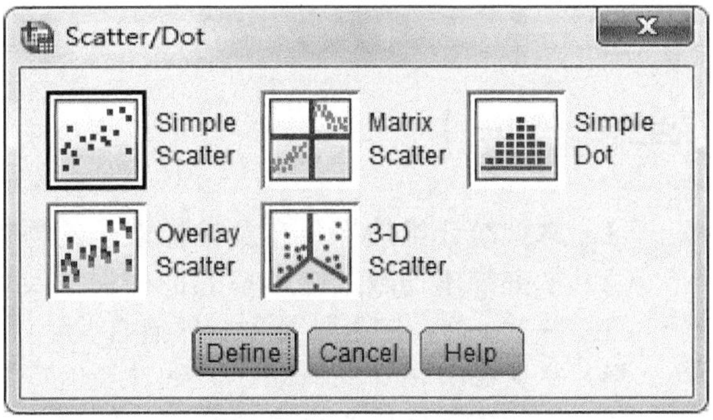

图 5-29　选择参数

将“HOMA_IR”选入“Y Axis”，“孕前 BMI”选入“X Axis”，见图 5-30。设置完成，其余保持默认，点击“OK”完成。

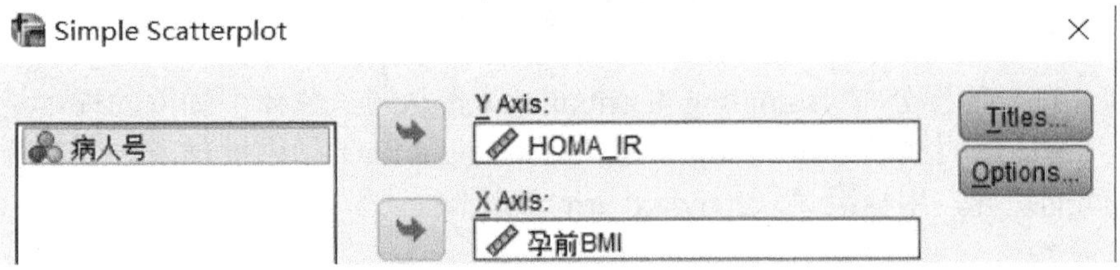

图 5-30　选择分析变量

在结果中可双击图片对图形的图片大小、背景、样式、字体大小等进行调整，见图 5-31。

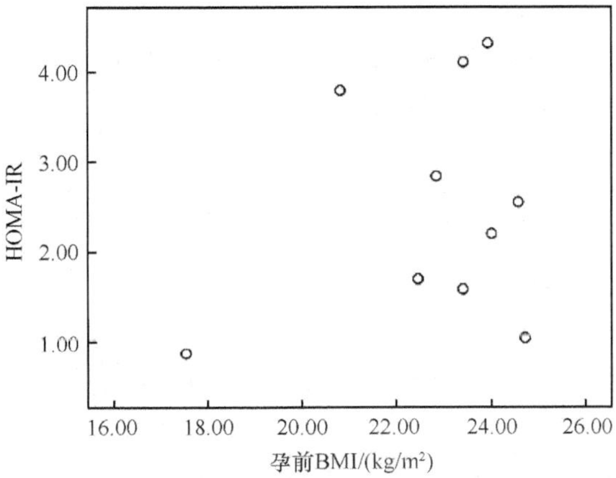

图 5-31　10 名妊娠糖尿病病人孕前 BMI 与 HOMA-IR 的散点图

（2）结果及主要解读。用点的密集程度与变化趋势表示妊娠糖尿病病人孕前 BMI 与 HOMA-IR 之间的相关关系（散点图显示 BMI 与 HOMA-IR 之间线性关系并不明显）。

（叶孟良）

第六章　参数估计

【学习目标】

（1）掌握统计量抽样分布及抽样误差的概念。
（2）掌握样本均数及样本率的抽样误差及计算方法。
（3）熟悉 t 分布图形特征及 t 界值含义。
（4）掌握参数估计的概念、点估计及区间估计的意义及计算方法。
（5）了解置信区间与参考值范围的区别。

【内容精要】

一、抽样分布与抽样误差

1. 抽样分布　抽样分布（sampling distribution）指从同一总体中抽取的样本量相同的所有可能样本，其统计量的概率分布。抽样误差（sampling error）指由抽样所导致的样本统计量与总体参数之间的差异，用标准误（standard error）反映。

2. 抽样误差

（1）如果 X 服从正态分布，其总体均数和标准差分别为 μ、δ，则样本均数 $\bar{X}$ 服从正态分布，且有 $N(\mu,\sigma^2/n)$，样本均数 $\bar{X}$ 的标准误为 $\sigma_{\bar{X}}=\sigma/\sqrt{n}$；若 δ 未知，可用样本标准差 S 估计 δ，从而得到标准误的估计值 $S_{\bar{X}}=S/\sqrt{n}$。

（2）如果 X 不服从正态分布，但其总体均数和标准差分别 μ、δ，只要样本量 n 足够大（通常大于 30），则样本均数 $\bar{X}$ 仍近似服从正态分布，且有 $\bar{X}\sim N(\mu,\sigma^2/n)$，其标准误为 $\sigma_{\bar{X}}=\sigma/\sqrt{n}$。

（3）样本率的标准误为 $\sigma_p=\sqrt{\pi(1-\pi)/n}$；若总体率 π 未知，可用样本率 p 估计，则标准误的估计值为 $S_p=\sqrt{p(1-p)/n}$。

二、*t* 分布及 *t* 分布曲线

1. *t* 分布　若 $\bar{X}\sim N(\mu,\sigma^2/n)$，则 $\dfrac{\bar{X}-\mu}{\sigma/\sqrt{n}}$ 服从标准正态分布，$\dfrac{\bar{X}-\mu}{S/\sqrt{n}}$ 服从自由度 v 为 $n-1$ 的 t 分布。

2. *t* 分布曲线　t 分布曲线是以 0 为对称轴的单峰曲线，受自由度 v 的影响；自由度越小，曲线峰部越低，尾部越高；随着自由度增大，曲线峰部逐渐抬高，尾部下降，逼近标准正态分布曲线；当自由度为 ∞ 时，t 分布曲线与标准正态分布曲线重合。

自由度为 v 的 t 分布曲线下尾部的面积 α 所对应的 t 值（通常只取正值）可表示为：$t_{\alpha,v}$（右

侧尾部面积为 α）、$t_{\alpha/2,\nu}$（双侧尾部面积之和为 α，右侧尾部面积为 $\alpha/2$）。

三、参数估计

参数估计是用样本统计量推断总体参数重要内容之一。参数估计有点估计（point estimation）和区间估计（interval estimation）两种方法。

1. 点估计　就是用相应的样本统计量直接作为其总体参数的估计值。如用 $\bar{X}$ 估计 μ。点估计虽然简单、重要，但未考虑抽样误差大小。

2. 区间估计　就是按预先给定的概率（$1-\alpha$）所确定的包含未知总体参数的一个范围（L, U）。该范围称为置信区间或可信区间（confidence interval，CI），L 称为置信下限，U 称为置信上限，上、下限之间的宽度反映区间估计的精密度；（$1-\alpha$）称为置信度或可信度，常取 95%，置信度大小反映区间估计的准确度。

（1）总体均数置信区间的估计方法一般分为两种：t 分布法和正态近似法。t 分布法适用于 σ 未知且 n 较小的情形，此时总体均数 μ 的（$1-\alpha$）置信区间为（$\bar{X}-t_{\alpha/2,\nu}S_{\bar{X}}, \bar{X}+t_{\alpha/2,\nu}S_{\bar{X}}$）；正态近似法适用于 n 较大的情形，此时置信区间为（$\bar{X}-Z_{\alpha/2}S_{\bar{X}}, \bar{X}+Z_{\alpha/2}S_{\bar{X}}$）。

（2）总体率置信区间的估计方法有两种：查表法和正态近似法。查表法用于样本量较小，特别当样本率接近 0 或 1 的情形；正态近似法用于样本量 n 足够大，且 np 和 n（$1-p$）都大于 5 的情形，此时置信区间为（$p-Z_{\alpha/2}S_p, p+Z_{\alpha/2}S_p$）。

【习题】

一、选择题

1. 关于抽样误差的概念，最恰当的是（　　）。

A. 由抽样引起的样本均数与总体均数之间的差异

B. 由抽样引起的样本率与总体率之间的差异

C. 由抽样引起的样本统计量与总体参数之间的差别

D. 统计上凡样本指标与总体指标之间的差异

E. 统计上凡样本统计量与总体参数之间的差异

2. 对同一总体参数估计时，以下何者较小时，表示用该样本均数估计总体均数的可靠性较大（　　）。

A. 变异系数　　B. S　　C. $\sigma_{\bar{X}}$　　D. R　　E. 四分位数间距

3. 要减小抽样误差，最切实可行的方法是（　　）。

A. 增加观察例数　　B. 控制个体变异　　C. 严格挑选观察对象

D. 改善观察条件　　E. 校正仪器，统一标准

4. 在抽样研究中，当样本含量逐渐增大时，将有哪种变化（　　）。

A. 标准差逐渐增大　　B. 标准误逐渐增大　　C. 标准差逐渐减小

D. 标准误逐渐减小　　E. 标准差趋向于 0

5. 参数估计中的可信度是指（　　）。

A. α　　B. $1-\beta$　　C. $1-\alpha$　　D. β　　E. $\alpha\times\beta$

6. 下列变换服从 t 分布的是（　　）。

A. $(X-\mu)/\sigma$　　B. $(\bar{X}-\mu)/\sigma_{\bar{X}}$　　C. $(\bar{X}-\mu)/\sigma$

D. $\dfrac{\bar{X}-\mu}{S_{\bar{X}}}$　　E. $\dfrac{\bar{X}-\mu}{S}$

7. 关于 t 分布，错误的是（　　）。

A. t 分布曲线是一簇曲线　　B. t 分布曲线是单峰分布

C. 当 $\nu \to \infty$ 时，$t \to Z$　　D. t 分布曲线以 0 为中心，左右对称

E. 若 $\nu_1 > \nu_2$，则当尾部面积相同时，有 $t_1 > t_2$

8. 关于区间 $\left(\bar{X}-t_{0.05/2,\nu}S_{\bar{X}}, \bar{X}+t_{0.05/2,\nu}S_{\bar{X}}\right)$，下列说法错误的是（　　）。

A. 总体中有 95%的变量值在此范围内

B. 采用 t 分布法对总体均数进行估计的 95%置信区间

C. 总体均数有 95%的可能性在此范围

D. 总体均数不在此范围内的可能性为 5%

E. 用这种方法估计总体均数，理论上有 95%是正确的

9. 正态近似法估计总体率的置信区间适用于（　　）。

A. n 足够大　　B. p 或（$1-p$）均不太小　　C. np 大于 5

D. n（$1-p$）大于 5　　E. 以上均是

10. 某研究人员欲估计某地区正常成年男性血红蛋白的水平，测定了 100 名正常成年男子的血红蛋白量，若均数为 $\bar{X}$，标准差为 S，则其血红蛋白总体水平的 95%置信区间为（　　）。

A. $\mu \pm 1.96\sigma_{\bar{X}}$　　B. $\bar{X} \pm 1.96\sigma_{\bar{X}}$　　C. $\bar{X} \pm 2.58S_{\bar{X}}$

D. $\bar{X} \pm 1.96S_{\bar{X}}$　　E. $\mu \pm 2.58S_{\bar{X}}$

11. 随机抽取 120 名新生女婴，得到其平均出生体重为 3.10kg，标准差为 0.50kg；其中有 12 名新生女婴的出生体重低于 2.5kg。用算式 $3.10 \pm 1.96 \times 0.50/\sqrt{120}$ 计算得到的区间，可以解释为（　　）。

A. 该市 95%的女婴出生体重在此范围内

B. 该市 95%的女婴平均出生体重在此范围内

C. 该市女婴出生体重在此范围内的可能性为 95%

D. 95%的可能性认为此范围包含了该市女婴的出生体重

E. 此范围包含该市女婴平均出生体重，但可信度为 95%

12. 对于上题，若欲估计该地区女婴出生体重低于 2.5kg 的发生率，其 95%置信区间为（　　）。

A. 4.6%～15.4%　　B. 2.6%～16.4%　　C. 7.2%～12.8%

D. 6.0%～16.0%　　E. 5.3%～14.7%

13. 在均数为 μ，标准差为 σ 的正态总体中抽样，样本均数为 $\bar{X}$，样本标准差为 S，则 $\left|\bar{X}-\mu\right| \geqslant$（　　）时的概率为 0.05。

A. 1.96σ　　B. 1.96　　C. $1.96S$　　D. $t_{0.05/2,\nu}S$　　E. $t_{0.05/2,\nu}S_{\bar{X}}$

14. 已知某地 25 岁正常成年男性的平均收缩压为 113.0mmHg，从该地随机抽取 20 名 25 岁正常成年男性，测得其平均收缩压为 119.0mmHg。119.0mmHg 与 113.0mmHg 不同，主要原因是（　　）。

A. 样本例数太少　　B. 抽样误差　　C. 总体均数不同

D. 系统误差　　E. 个体差异太大

15. 关于 $\sigma_{\bar{X}}$ 和 $S_{\bar{X}}$ 的说法，错误的是（　　）。

A. $\sigma_{\bar{X}}$ 和 $S_{\bar{X}}$ 都是度量样本均数抽样误差大小的指标

B. 样本量 n 相同时，$\sigma_{\bar{X}}$ 是常量，而 $S_{\bar{X}}$ 是变量

C. 样本量 n 相同的两个样本均数，$S_{\bar{X}}$ 大者所对应的样本均数抽样误差大

D. $S_{\bar{X}}$ 是 $\sigma_{\bar{X}}$ 的估计值，总是围绕在 $\sigma_{\bar{X}}$ 周围波动取值

E. $\sigma_{\overline{X}}$ 和 $S_{\overline{X}}$ 的区别在于计算时前者使用总体标准差，而后者使用样本标准差

二、判断题（请在以下题干后面的括号内标记 T 或 F，正确者标记 T，错误者标记 F）

1. 当自由度 v 趋于 ∞ 时，t 分布就成为标准正态分布。（　　）
2. 从同一总体中随机抽取样本含量相同的两个样本，理论上这两个样本均数应该相等。（　　）
3. 当 $n \geqslant 100$ 时，即使样本均数来自偏态总体，其也会服从正态分布。（　　）
4. 标准误与标准差成正比，与根号 n 成反比。（　　）
5. 增加样本含量可以减小抽样误差，所以样本含量越大越好。（　　）
6. 一般情况下，同一批资料的标准误小于标准差。（　　）
7. 无论数据呈何种分布，总体均数的 95%置信区间均为 $\overline{X} \pm t_{0.05/2,v} S_{\overline{X}}$。（　　）
8. $\overline{X} \pm t_{0.05/2,v} S_{\overline{X}}$ 只适用于小样本，而不适用于大样本。（　　）
9. n 足够大时，来自偏态分布的样本也可用正态近似法估计总体均数。（　　）
10. $\overline{X} \pm t_{0.05/2,v} S_{\overline{X}}$ 的意义为 100 个总体均数中，有 95 个落在此范围。（　　）
11. 对同一参数的估计，99%置信区间比 90%置信区间好。（　　）
12. 均数的标准误越小，则对总体均数的估计越准确。（　　）
13. 估计总体率时，99%置信区间的精度高于 95%置信区间。（　　）
14. 估计总体率时，99%置信区间的可信度高于 95%置信区间。（　　）
15. 计算 95%置信区间时，样本量越大，计算出的置信区间越可信。（　　）

三、简答题及应用题

1. 简述在随机抽样研究中，样本均数的抽样分布规律。
2. 简要说明 $\overline{X} \pm 1.96S$、$\overline{X} \pm 1.96S_{\overline{X}}$、$\overline{X} \pm t_{0.05/2,v} S_{\overline{X}}$ 的区别。
3. 简要说明 $\mu \pm 1.96\sigma_{\overline{X}}$ 与 $\overline{X} \pm 1.96\sigma_{\overline{X}}$ 的区别。
4. 简要说明置信区间具备的两个基本要素及注意事项。
5. 某研究人员采用小梁切除术治疗和控制眼压，16 例病人治疗前及治疗后眼压见表 6-1。假设数据服从正态分布。请完成：

（1）估计治疗后病人眼压水平的 95%置信区间。

（2）若治疗后眼压小于 21mmHg 为有效，请估计治疗后眼压控制有效率的 95%置信区间。

表 6-1　16 例病人行小梁切除术治疗前后的眼压　（单位：mmHg）

编号	治疗前	治疗后
1	39	15
2	31	15
3	32	12
4	32	14
5	32	15
6	32	16
7	32	18
8	32	26
9	33	18
10	34	13
11	34	15

续表

编号	治疗前	治疗后
12	34	16
13	34	16
14	34	19
15	36	20
16	38	24

四、案例

1. 某地普查结果显示成年男性红细胞总体均数为 480 万/mm^3，总体标准差为 41.0 万/mm^3。某研究人员随机抽取该地 16 名男子，测得红细胞均数为 490 万/mm^3，标准差为 42.4 万/mm^3。甲认为，该样本均数的抽样误差为$\left|\bar{X}-\mu\right|=490–480=10$（万/mm^3），乙认为，其抽样误差为$S_{\bar{X}}=S/\sqrt{n}=42.4/\sqrt{16}=10.6$（万/mm^3）。丙认为，其抽样误差为$\sigma_{\bar{X}}=\sigma/\sqrt{n}=41.0/\sqrt{16}=10.25$（万/mm^3）。请问你赞成何者的观点，并说明理由。

2. 某研究人员欲了解某地普通成人超敏 C 反应蛋白（与心血管事件的风险密切相关）含量平均水平，随机抽查了该地 300 名普通成人超敏 C 反应蛋白含量，获得如表 6-2 的频数分布数据。对于估计总体参数，甲、乙、丙三人的意见如下：

甲认为该资料呈正偏态分布，可先对原始数据进行对数变换，转换后可呈近似正态分布（资料转换后确实为近似正态分布），再用公式 $\bar{X}\pm1.96S_{\bar{X}}$ 来估计平均水平的 95%置信区间。

乙认为虽然该资料呈偏态分布，但样本量较大且达到了 300，根据统计理论，此时样本均数的分布呈近似正态分布，可直接用原始数据根据公式 $\bar{X}\pm1.96S_{\bar{X}}$ 来估计平均水平的 95%置信区间，无须进行对数变换。

丙基本同意乙的看法，但认为该指标在人体含量低更有利于健康，因此可直接用原始数据选用公式 $\bar{X}\pm1.64S_{\bar{X}}$ 计算单侧 95%置信区间。

请问甲、乙、丙三人的做法谁更合适？为什么？

表 6-2　某地 300 名普通成人超敏 C 反应蛋白含量频数分布

组段	频数	频率	累积频数	累积频率
0～	97	32.33	97	32.33
0.5～	107	35.67	204	68.00
1.0～	45	15.00	249	83.00
1.5～	21	7.00	270	90.00
2.0～	9	3.00	279	93.00
2.5～	7	2.33	286	95.33
3.0～	5	1.67	291	97.00
3.5～	2	0.67	293	97.67
4.0～	3	1.00	296	98.67
4.5～5.0	4	1.33	300	100.00

五、SPSS 操作与结果解读

以本章“三、简答题及应用题”第 5 小题数据为例，介绍使用 SPSS 估算置信区间的操作过程。

1. 总体均数 95%置信区间估算　估算治疗前病人眼压总体均数 95%置信区间。

（1）SPSS 操作。按图 6-1 形式录入数据。

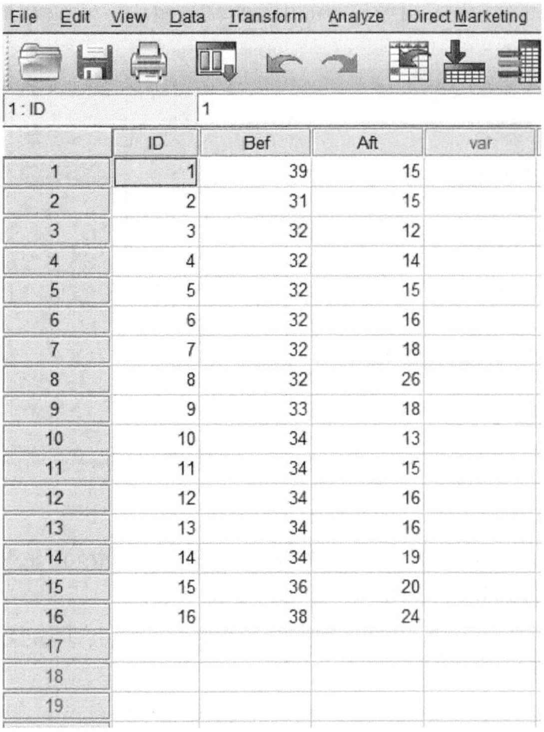

	ID	Bef	Aft	var
1	1	39	15	
2	2	31	15	
3	3	32	12	
4	4	32	14	
5	5	32	15	
6	6	32	16	
7	7	32	18	
8	8	32	26	
9	9	33	18	
10	10	34	13	
11	11	34	15	
12	12	34	16	
13	13	34	16	
14	14	34	19	
15	15	36	20	
16	16	38	24	
17				
18				
19				

图 6-1　数据界面

依次点击“Analyze”→“Descriptive Statistic”→“Explore…”弹出对话框，选择变量“Bef”，将其选入“Dependent List”列表框，见图 6-2；然后点击“Statistics…”，勾选“Descriptives”复选框，并设置置信水平为 95%（默认），点击“Continue”返回，见图 6-3；设置完成，其余保持默认，点击“OK”完成。

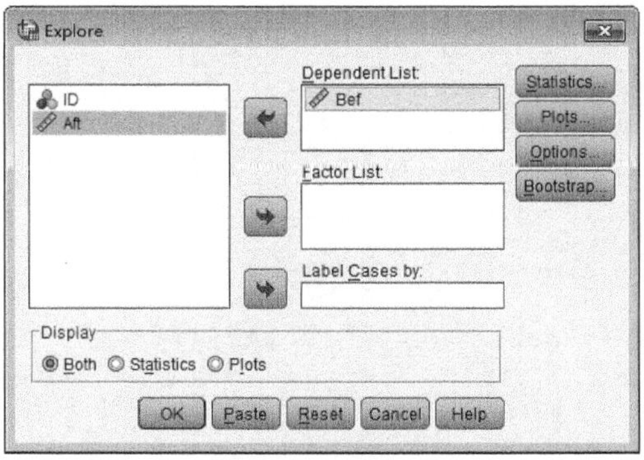

图 6-2　选择分析变量

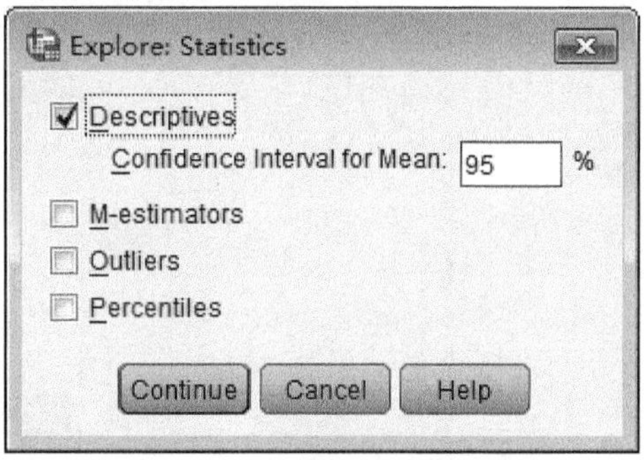

图 6-3　选择输出统计量

（2）结果及主要解读。图 6-4 输出结果显示：治疗前眼压的样本均数为 $\bar{X}$=33.69mmHg，标准误为 $S_{\bar{X}}$=0.568mmHg，总体均数 95%置信区间为（32.48mmHg，34.90mmHg）。

注意：SPSS 以 t 分布原理估算总体均数的置信区间。

Descriptives

			Statistic	Std. Error
Bef	Mean		**33.69**	**0.568**
	95% Confidence Interval for Mean	Lower Bound	**32.48**	
		Upper Bound	**34.90**	
	5% Trimmed Mean		33.54	
	Median		33.50	
	Variance		5.163	
	Std. Deviation		2.272	
	Minimum		31	
	Maximum		39	
	Range		8	
	Interquartile Range		2	
	Skewness		1.261	0.564
	Kurtosis		1.047	1.091

图 6-4　输出结果（Descriptives 部分）

2. 总体率 95%置信区间估算　计算治疗前病人眼压高于 34mmHg 的发生率，并估算其总体率的 95%置信区间（本方法只适用于 SPSS 24 及以上版本）。

（1）SPSS 操作。数据整理：根据治疗前眼压（Bef）生成一个新变量（Pos），如果眼压超过 34mmHg，则取值 1，否则取值 0。

数据编码步骤：依次点击“Transform”→“Recode into Different Variables…”，弹出对话框，将变量“Bef→Pos”选入“Numeric Variable→Output Variable：”列表框，在“Name”框中输入“Pos”，点击“Change”，如图 6-5 所示。然后点击“Old and New Values…”，弹出编码对话框；在左侧“Old Value”中选择“Range，LOWEST through Value：”并输入值“34”，在“New Value”中输入“0”；点击“Add”按钮将结果添加到编码列表框。重复上述步骤，选择“All other Values”，在“New Value”中输入“1”；点击“Add”按钮。设置见图 6-6。点击“Continue”，返回上一界面。点击“OK”完成数据编码操作，见图 6-7。

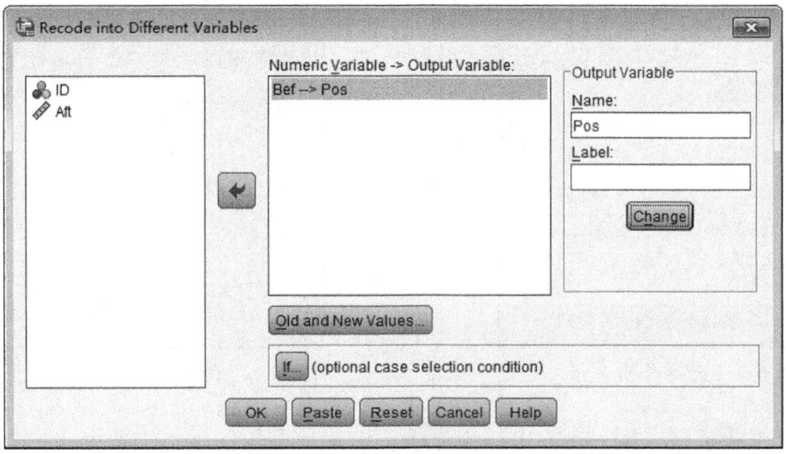

图 6-5　设置新变量

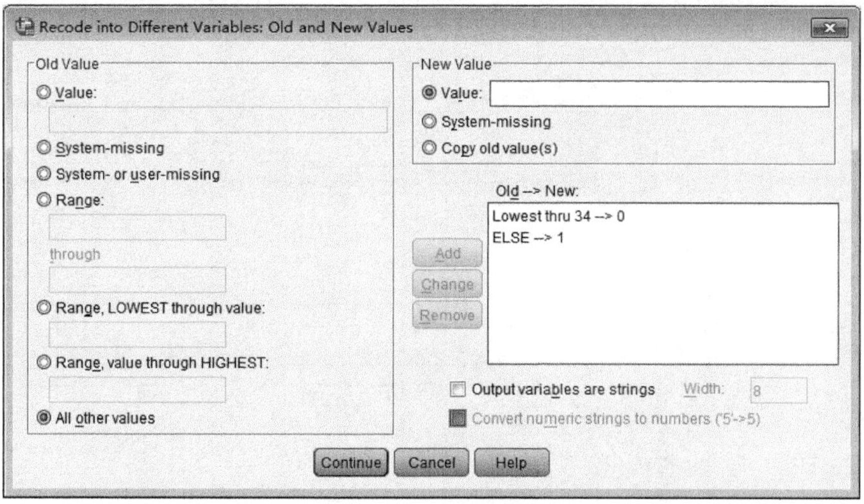

图 6-6　重新编码对话框

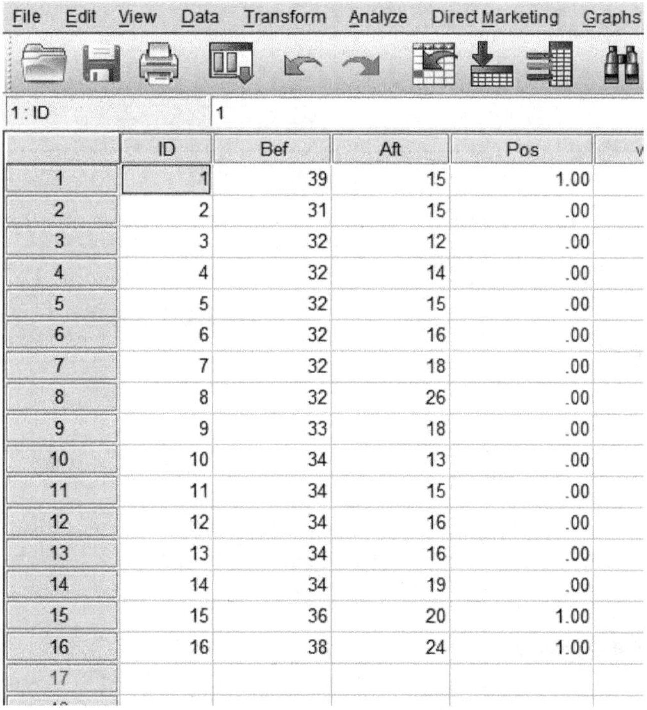

图 6-7　生成新变量 Pos 后的数据界面

分析操作步骤：

依次点击“Analyze”→“Tables”→“Custom Tables…”弹出对话框，选择“OK”，弹出“Custom Tables”对话框，选择“Table”标签。①将变量“Pos”拖入“Rows”位置；②点击“N%Summary Statistics…”，在弹出对话框“Statistics：”列表中点击展开“Column Percent”将“Column N %”“Lower CL for Column N %”“Upper CL for Column N %”选入右侧“Display：”列表中。如图 6-8 所示。点击“Close”返回。完成设置的“Custom Tables”对话框如图 6-9 所示。点击“OK”完成操作。

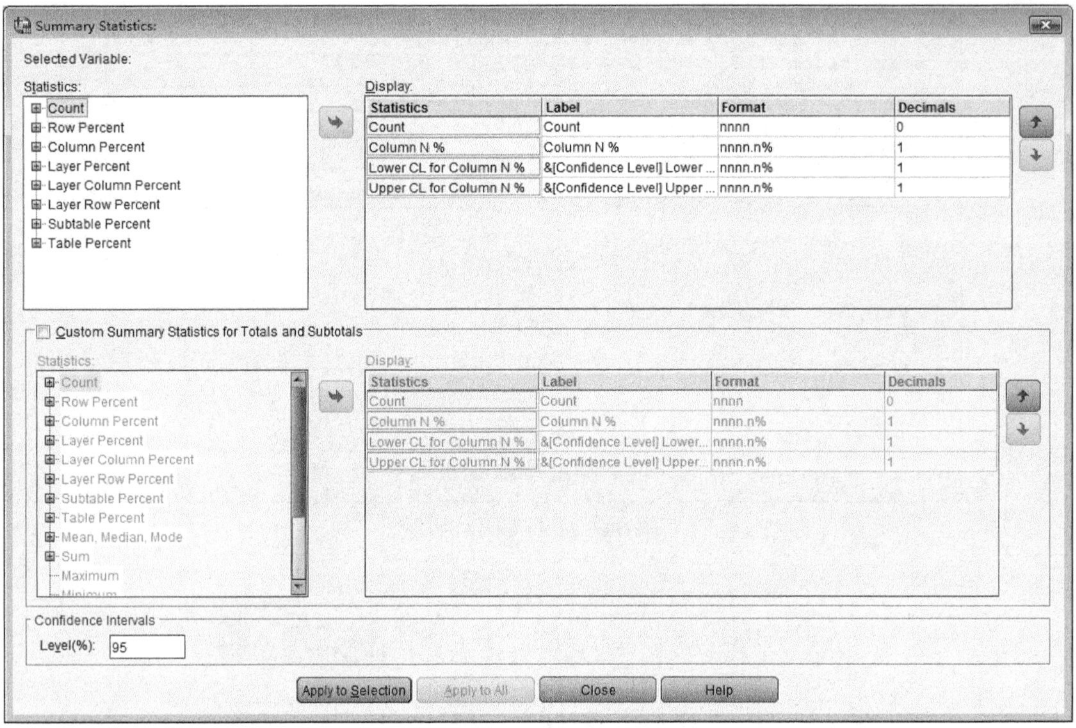

图 6-8 统计量设置界面

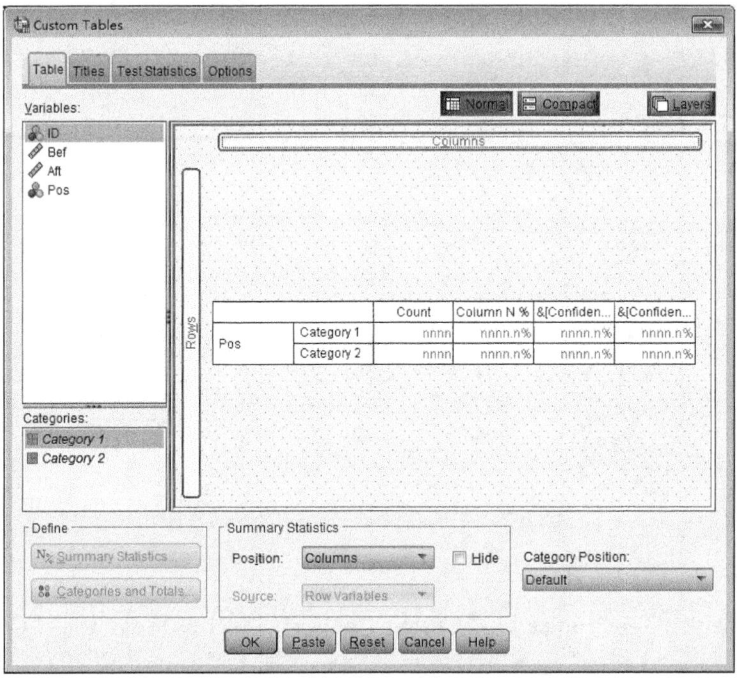

图 6-9 定制表格设置界面

（2）结果及主要解读。图 6-10 的结果显示，16 例病人中眼压高于 34mmHg（Pos=1）的有 3 例，发生率为 18.8%，据此估计的总体发生率 95%置信区间为（5.6%，42.1%）。

		Count	Column N %	95.0% Lower CL for Column N %	95.0% Upper CL for Column N %
Pos	0.00	13	81.3%	57.9%	94.4%
	1.00	3	18.8%	5.6%	42.1%

图 6-10 Tables 过程输出结果

注意：SPSS 估计总体率 95%置信区间采用的是逆贝塔分布法，置信下限为：INVBeta（0.025，X+0.5，N–X+0.5），置信上限为 INVBeta（0.975，X+0.5，N–X+0.5），INVBeta（ ）为逆贝塔分布函数。

（彭 斌）

第七章　假设检验基础与 t 检验

【学习目标】

（1）掌握假设检验的目的、基本思想、步骤、两类错误及注意事项。

（2）掌握三种类型的 t 检验的计算及适用条件（单样本的 t 检验、配对样本 t 检验和两独立样本 t 检验）。

（3）熟悉方差齐性检验和 t' 检验。

（4）了解假设检验与区间估计的区别和联系。

【内容精要】

一、假 设 检 验

1. 假设检验的目的　假设检验（hypothesis testing）也称显著性检验，是统计推断的重要内容，其目的是通过样本信息推断总体参数或分布之间是否不同。

2. 假设检验的基本思想　假设检验是基于小概率原理（即小概率事件在一次观察或试验中几乎不会发生的原理）而做出统计推断的一种思维逻辑。

3. 假设检验的步骤

（1）建立检验假设，确定检验水准。

（2）计算检验统计量。

（3）确定 P 值，作出推断。

二、假设检验的两类错误

Ⅰ类错误：假设检验结论拒绝了本成立的 H_0 所犯的错误称为Ⅰ类错误，也称假阳性错误。犯Ⅰ类错误的概率记为 α 。

Ⅱ类错误：假设检验结论未拒绝本不成立的 H_0 所犯的错误称为Ⅱ类错误，也称假阴性错误。犯Ⅱ类错误的概率记为 β 。$1-\beta$ 称为检验效能或把握度，表示当两个总体确实有差别时，按照规定的检验水准，假设检验能发现其有差别的能力（表 7-1）。

α 与 β 的关系：α 越小，β 越大；相反，α 越大，β 越小。若要在预先给定 α 的情况下，减小 β ，唯一的方法就是增加样本含量。

表 7-1　假设检验的两类错误

真实情况	假设检验结论	
	拒绝 H_0	不拒绝 H_0
H_0 为真	Ⅰ类错误（ α ）	推断正确（ $1-\alpha$ ）
H_1 为真	推断正确（ $1-\beta$ ）	Ⅱ类错误（ β ）

三、假设检验的注意事项

假设检验须注意以下几个方面问题：①严密的研究设计是假设检验结论正确的前提；②在没有充分专业依据时，应首选双侧检验；③实际应用中，应根据研究目的、设计类型、变量类型和分布等因素选择恰当的假设检验方法；④假设检验只能作出拒绝 H_0 或不拒绝 H_0 的定性判断，P 值的大小不表示总体间差别的大小，P 值越小，只能说明根据本次试验结果越有理由拒绝 H_0；⑤假设检验统计结论的正确性是以概率为前提的，假设检验的结论不能绝对化；⑥假设检验结论中差异有统计学意义不等于有实际意义。

四、三种类型的 t 检验

考虑研究目的、设计类型、变量类型等情况后选择合适的 t 检验方法，包括单样本 t 检验、配对样本 t 检验和两独立样本 t 检验。t 检验要求样本来自正态分布总体，两独立样本 t 检验还要求两总体方差相同，若方差不齐，应采用 t' 检验（表 7-2）。

表 7-2　三种类型的 t 检验假设及计算公式

类型	检验假设	统计量计算公式
单样本 t 检验	$H_0: \mu = \mu_0$，$H_1: \mu \neq \mu_0$	$t = \dfrac{\bar{x} - \mu_0}{s_{\bar{x}}}$，$\nu = n-1$
配对样本 t 检验	$H_0: \mu_d = 0$，$H_1: \mu_d \neq 0$	$t = \dfrac{\bar{d}}{s_{\bar{d}}}$，$\nu = n-1$
两独立样本 t 检验	$H_0: \mu_1 = \mu_2$，$H_1: \mu_1 \neq \mu_2$	$t = \dfrac{\bar{x}_1 - \bar{x}_2}{s_{\bar{x}_1 - \bar{x}_2}}$，$\nu = n_1 + n_2 - 2$

【习题】

一、选择题

1. 关于假设检验的描述，下列说法错误的是（　　）。

A. 只有在严密的研究设计的基础上，假设检验的结论才有意义

B. 在没有充分专业依据时，宜首先采用双侧检验

C. 假设检验是依据样本信息对未知总体的某些特征进行推断的一种统计方法

D. 两独立样本 t 检验，若 $P>0.05$，说明两样本一定来自同一总体

E. 假设检验结论拒绝 H_0，并不能说明差异一定有实际意义

2. 两样本均数比较，经 t 检验差别有统计学意义时，P 值越小，越有理由认为（　　）。

A. 样本均数与总体均数差别越大　　B. 两样本均数差别越大

C. 两总体均数差别越大　　D. 两样本均数不同

E. 两总体均数不同

3. 在比较两样本均数的假设检验中得到 $t = 2.63$，已知 $t_{0.05,20} = 2.086$，$t_{0.01,20} = 2.845$。以下结论正确的是（　　）。

A. 可以认为两总体均数差异很大　　B. 可以认为两总体均数没有差异

C. 可以认为两总体均数不同　　D. 可以认为两样本均数差异不大

E. 可以认为两样本均数不同

4. 当满足两独立样本均数 t 检验条件时，如果用秩和检验，将会（　　）。

A. 增加Ⅰ类错误　　B. 减少Ⅱ类错误　　C. 增加Ⅱ类错误

D. 两类错误都增加　　E. 对结果没有影响

5. 在进行统计推断时，不论做出哪一种推断结论，都有可能发生错误，如果根据某样本计算出 $P=0.0003$，规定 $\alpha=0.05$，按照假设检验推断原理下结论，则（　　）。

A. 可能发生Ⅰ类错误　　B. 可能发生Ⅱ类错误　　C. 两类错误都可能发生

D. 不会发生两类错误　　E. 以上都不对

6. 随机将 16 只雄性 SD 大鼠均分为甲、乙两组，甲组大鼠给予生理盐水（即对照组），乙组中的每只大鼠静脉注射 5mg/kg 的脂多糖 LPS，分别测得两组大鼠的血清肌酐（μmol/L）数据列于表 7-3（假定数据满足参数检验条件）。现要了解脂多糖 LPS 是否对大鼠血清肌酐有影响，宜选用的主要计算公式是（　　）。

表 7-3　两组大鼠体内肌酐含量　　（单位：μmol/L）

分组	1	2	3	4	5	6	7	8
甲组	32	33	45	47	28	50	42	40
乙组	80	85	78	86	90	95	93	88

A. $t=\dfrac{\overline{x}-\mu_0}{s_{\overline{x}}}$　　B. $t=\dfrac{\overline{d}}{s_d/\sqrt{n}}$　　C. $\chi^2=n\left(\sum\dfrac{A^2}{n_i\times n_j}-1\right)$

D. $t=\dfrac{\overline{x}_1-\overline{x}_2}{s_{\overline{x}_1-\overline{x}_2}}$　　E. $\chi^2=\dfrac{(|b-c|-1)^2}{b+c}$

7. 用两种方法分别测定 10 名受试者血小板的存活时间，采用配对样本 t 检验时，自由度应为（　　）。

A. 18　　B. 19　　C. 8　　D. 9　　E. 10

8. 在进行抽样调查时，增加样本含量不能做到的是（　　）。

A. 减小抽样误差　　B. 减小两类错误　　C. 减小Ⅰ类错误

D. 减小Ⅱ类错误　　E. 减小非抽样误差

9. 进行两独立样本资料比较的 t 检验时，资料应满足（　　）条件。

A. 同质性和方差齐性　　B. 正态性和可加性　　C. 均衡性和正态性

D. 正态性和方差齐性　　E. 同质性和正态性

10. 有人误将配对设计当作完全随机设计，用两独立样本 t 检验分析数据，这将意味着（　　）。

A. 增大了犯假阳性错误的概率　　B. 增大了犯假阴性错误的概率

C. P 值不会发生变化　　D. 结论更可信

E. t 值会变大

11. 某医生用紫杉醇治疗 30 名乳腺癌病人，化疗前和化疗后 1 天测定其血清 IL-2（假定血清 IL-2 呈正态分布），得到前后对应的 30 对数据。欲分析治疗前后血清 IL-2 浓度是否有变化，应选用的统计检验公式为（　　）。

A. $\chi^2=\dfrac{(|b-c|-1)^2}{b+c}$　　B. $t=\dfrac{\overline{x}_1-\overline{x}_2}{s_{\overline{x}_1-\overline{x}_2}}$　　C. $t=\dfrac{\overline{d}}{s_{\overline{d}}}$

D. $\chi^2=n\left(\sum\dfrac{A^2}{n_i\times n_j}-1\right)$　　E. $r=\dfrac{\sum(x-\overline{x})(y-\overline{y})}{\sqrt{\sum(x-\overline{x})^2(y-\overline{y})^2}}$

12. 比较两药治疗的疗效时，下面哪种情况可做单侧检验（　　）。

A. 不知甲、乙两药哪种好　　B. 甲药为进口药

C. 甲药为安慰剂　　D. 已知甲、乙两药均有效

E. 已知甲药不会优于乙药

二、简答题及应用题

1. 某医师用甲、乙两种方法测定血清铁含量（μmol/L），随机抽取 10 名正常成年女子，分别用两种方法测定，结果见表 7-4。

表 7-4　两种方法对 10 名正常成年女子血清铁含量的测定结果　（单位：μmol/L）

编号	1	2	3	4	5	6	7	8	9	10
甲法	16.2	17.0	18.6	22.5	19.0	21.8	20.8	23.9	23.2	19.0
乙法	17.5	18.9	18.5	20.4	18.7	18.6	21.0	22.6	23.9	18.3

请回答：

（1）这是何种类型资料？这是何种实验设计方法？

（2）甲、乙两种方法测定的血清铁含量是否不同？

2. 为探究某一新化疗药物是否会加重消化道肿瘤病人肝损伤，将 20 名确诊为消化道肿瘤病人随机分为实验组和对照组，每组 10 名病人。实验组采用新化疗药物，对照组则用标准药物化疗，测得治疗前后的总胆红素（μmol/L），结果如表 7-5：

表 7-5　两组药物化疗前后的总胆红素　（单位：μmol/L）

组别	病人号	1	2	3	4	5	6	7	8	9	10
新药组	治疗前	7.5	7.7	8.0	7.6	9.6	12.0	10.2	11.5	8.5	10.8
	治疗后	9.1	9.3	10.7	9.9	12.1	14.2	12.5	13.8	11.6	13.2
标准药组	治疗前	7.3	7.8	8.3	8.8	9.3	10.0	9.2	7.9	8.9	10.6
	治疗后	8.2	8.8	9.2	9.9	10.2	11.6	10.5	8.8	9.9	11.8

请回答：

（1）这是何种类型资料？

（2）这是何种实验设计方案？

（3）欲推断新药治疗前后有无差别，应如何进行统计分析？

（4）要比较新药与标准药对消化道肿瘤病人总胆红素的影响是否不同，应如何进行统计分析？

3. 为探讨子宫腺肌病与卵巢子宫内膜异位症病人血清中 CA125 水平的差异，某医师检测了 45 例术后病理确诊的子宫腺肌病病人血清中 CA125 含量，得样本均数为 100.21U/ml，标准差为 20.56U/ml；同时检测了 41 例单纯卵巢子宫内膜异位症病人血清 CA125 含量，得样本均数为 80.46U/ml，标准差为 10.12U/ml。问子宫腺肌病与卵巢子宫内膜异位症病人血清中 CA125 水平是否不同？

4. 为比较低脂饮食与药物治疗改善血清胆固醇（mmol/L）的效果，将 48 名高血脂病人随机分为两组，一组低脂饮食，另一组采用药物治疗。受试者试验前后各测量一次血清胆固醇（mmol/L），两组的差值结果见表 7-6，问两组降血清胆固醇措施的效果是否不同？

表 7-6　两组血清胆固醇差值结果

组别	例数	均数（mmol/L）	标准差（mmol/L）
药物治疗组	24	0.560	0.432
低脂饮食组	24	0.156	0.341

5. 在 t 检验中，一般当 $P<0.05$，则拒绝 H_0，其理论依据是什么？

6. 简述假设检验与区间估计的区别与联系？

三、案例

1. 某研究者选取体重接近的雌性 SD 大鼠 20 只，随机分为甲、乙两组，每组 10 只。乙组中的每只大鼠接受 50mg/kg 的曲克芦丁，甲组作为空白对照组，分别测得两组大鼠的丙氨酸转氨酶 ALT（U/L）见表 7-7。为检验两组总体均值之间有无差别，该研究者先计算两组的差值并进行正态性检验，服从条件后采用配对设计 t 检验：$t=-3.509$，$P=0.007$。据此研究者认为两组的均值差异有统计学意义。你同意该研究者吗？

表 7-7　甲、乙两组大鼠的丙氨酸转氨酶 ALT 数据　（单位：U/L）

组别	1	2	3	4	5	6	7	8	9	10
甲组	60.2	30.7	50.8	20.7	30.9	60.1	60.7	70.8	30.8	60.9
乙组	80.5	60.8	110.3	90.4	90.3	70.3	50.8	70.8	70.2	80.2
差值	20.3	30.1	59.5	69.7	59.4	10.2	–9.9	0.0	39.4	19.3

2. 某研究者选取体重接近的雌性小鼠 20 只，随机选取其中 10 只进行酒精性脂肪肝造模，剩余 10 只作为对照，并分别检测了两组的肝指数，结果见表 7-8。采用两独立样本比较的 t 检验，结果为 $t=9.288$，$\nu=18$，$P<0.001$，拒绝 H_0，差异有统计学意义，你认为正确吗？

表 7-8　酒精性脂肪肝造模小鼠及对照小鼠的肝指数数据

组别	例数	均数	标准差
酒精性脂肪肝造模组	10	5.78	0.53
对照组	10	4.17	0.14

四、SPSS 操作与结果解读

1. 已知正常人血清 β 脂蛋白为 4.5mmol/L，今测得 25 名微波作业人员血清 β 脂蛋白值，结果见表 7-9，问微波作业工人与正常人血清 β 脂蛋白是否不同？

表 7-9　25 名微波作业人员血清 β 脂蛋白值　（单位：mmol/L）

4.9	3.6	3.3	3.0	3.7	3.5	4.6	2.9	3.3
3.3	2.8	3.6	4.3	2.0	3.6	4.1	1.9	2.9
2.9	1.1	3.7	3.4	3.3	3.8	2.9		

（1）SPSS 操作。按图 7-1 形式录入数据。

正态性检验：依次点击“Analyze”→“Descriptive Statistics”→“Explore”。在弹出的对话框内，将左侧变量列表中的“微波作业人员血清 β 脂蛋白值”选入“Dependent List”框中，见图 7-2。点击“Plots”，勾选“Normality plots with tests”，点击“Continue”，见图 7-3。设置完成，其余保持默认，点击“OK”完成。

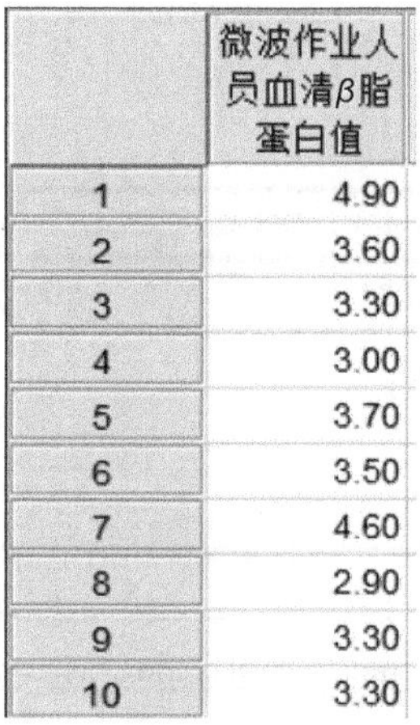

	微波作业人员血清β脂蛋白值
1	4.90
2	3.60
3	3.30
4	3.00
5	3.70
6	3.50
7	4.60
8	2.90
9	3.30
10	3.30

图 7-1　数据界面（部分）

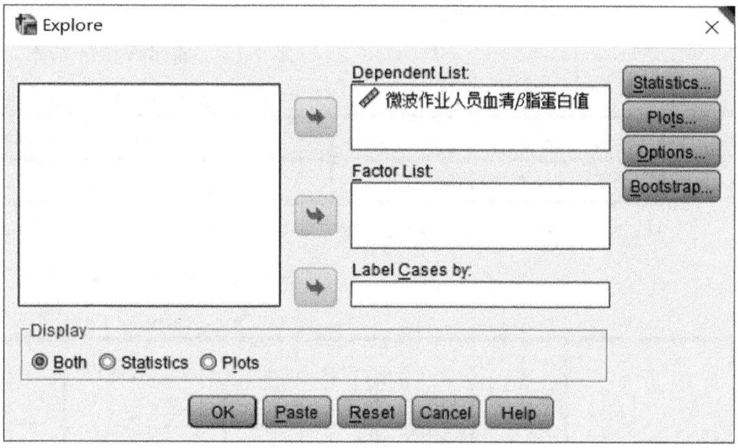

图 7-2　选择参数

单样本 t 检验：依次点击“Analyze”→“Compare Means”→“One-Sample T Test”。在弹出的对话框内，将“微波作业人员血清 β 脂蛋白值”选入“Test Variable（s）”框中，在“Test Value”中输出“4.5”即正常人血清 β 脂蛋白，见图 7-4。设置完成，其余保持默认，点击“OK”。

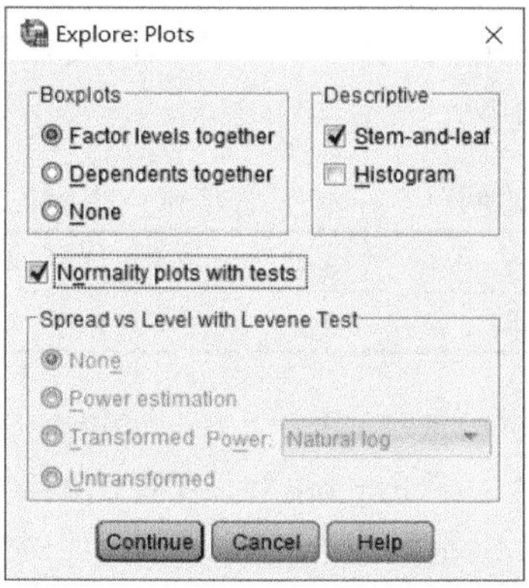

图 7-3　选择正态性检验

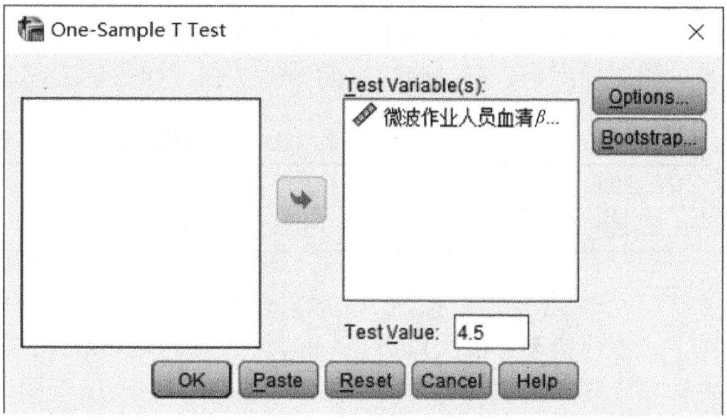

图 7-4　选择分析变量

（2）结果及主要解读。

表 7-10　正态性检验结果

Tests of Normality

	Kolmogorov-Smirnov[a]			Shapiro-Wilk		
	Statistic	df	Sig.	Statistic	df	Sig.
微波作业人员血清 β 脂蛋白值	0.155	25	0.123	0.948	25	0.225

a. Lilliefors Significance Correction

Sig.为 Significance 缩写

正态性检验结果：从表 7-10 可以看出 Kolmogorov-Smirnov 方法和 Shapiro-Wilk 方法的检验结果，P 均大于 0.10，可认为微波作业人员血清 β 脂蛋白值服从正态分布，故可采用单样本 t 检验。

单样本 t 检验结果：从表 7-11 可得出，25 名微波作业人员血清 β 脂蛋白值的均数为 3.296 mmol/L，标准差为 0.82284 mmol/L，标准误为 0.16457 mmol/L。从表 7-12 可得出单样本 t 检验的 t 值为−7.316，自由度为 24，双侧检验 $P<0.001$，按照 $\alpha=0.05$ 检验水准，拒绝原假设，差别有统计学意义，可认为

微波作业工人的血清 β 脂蛋白（3.296 mmol/L）低于正常人血清 β 脂蛋白（4.5 mmol/L）。

表 7-11　描述性统计结果

One-Sample Statistics

	N	Mean	Std. Deviation	Std. Error Mean
微波作业人员血清 β 脂蛋白值	25	3.2960	0.82284	0.16457

注：N 为样本量；Mean 为均值；Std. Deviation 为标准差；Std. Error Mean 为均值标准误

表 7-12　单样本 t 检验结果

One-Sample Test

	Test Value = 4.5					
					95% Confidence Interval of the Difference	
	t	df	Sig.（2-tailed）	Mean Difference	Lower	Upper
微波作业人员血清 β 脂蛋白值	−7.316	24	0.000	−1.20400	−1.5437	−0.8643

注：df 为自由度；Sig.（2-tailed）为 P 值（双尾）；Mean Difference 为均值差；95% Confidence Interval of the Difference 为均值差的 95%置信区间；Lower 为下限；Upper 为上限

2. 某医师为评价某安眠药物的催眠作用，将 18 名失眠病人随机分为两组，一组服用安眠药物，另一组服安慰剂，延长睡眠时间如表 7-13，问该催眠药物是否有效？

表 7-13　失眠病人服药前后睡眠延长时间　　　　（单位：小时）

安眠药组	2.2	3.2	2.2	2.3	2.7	1.5	2.1	2.5	2.4
安慰剂组	1.3	1.9	1.1	1.6	1.4	1.0	1.9	2.3	1.0

（1）SPSS 操作。按图 7-5 形式录入数据，组别变量中“1”为安眠药组，“2”为安慰剂组。

正态性检验：依次点击“Analyze”→“Descriptive Statistics”→“Explore”。在弹出的对话框内，将左侧“睡眠延长时间”选入“Dependent List”框中，将“组别”选入“Factor List”框中，见图 7-6。点击“Plots”，勾选“Normality plots with tests”，点击“Continue”，见图 7-7。设置完成，其余保持默认，点击“OK”。

	组别	睡眠延长时间
1	1	2.20
2	1	3.20
3	1	2.20
4	1	2.30
5	1	2.70
6	1	1.50
7	1	2.10
8	1	2.50
9	1	2.40
10	2	1.30
11	2	1.90
12	2	1.10
13	2	1.60
14	2	1.40
15	2	1.00
16	2	1.90
17	2	2.30
18	2	1.00

图 7-5　数据输入

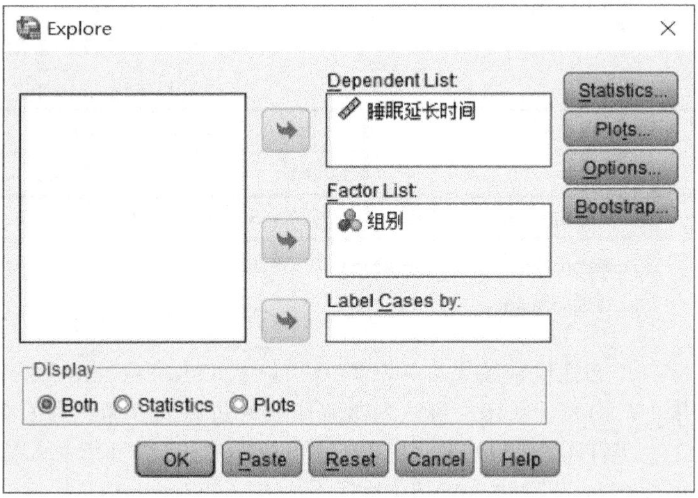

图 7-6　选择参数

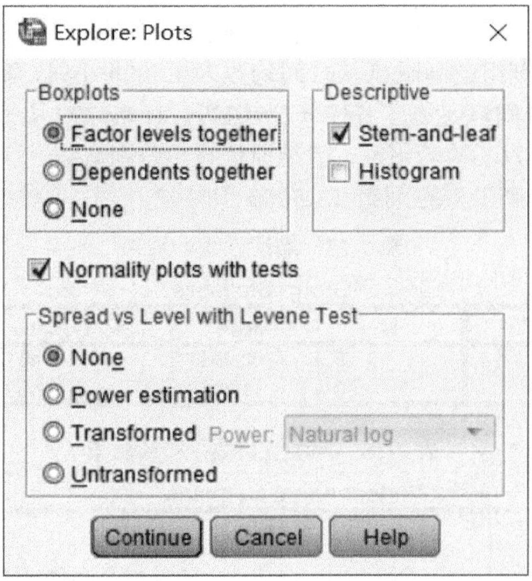

图 7-7　正态性检验

两独立样本 *t* 检验：依次点击“Analyze”→“Compare Means”→“Independent-Samples T Test”。在弹出的对话框内，将左侧“睡眠延长时间”选入“Test Variable（s）”框中，将“组别”选入“Grouping Variable”框中，见图 7-8。点击“Define Groups”，分别在“Group1”和“Group2”中输入“1”和“2”，点击“Continue”，见图 7-9。设置完成，其余保持默认，点击“OK”。

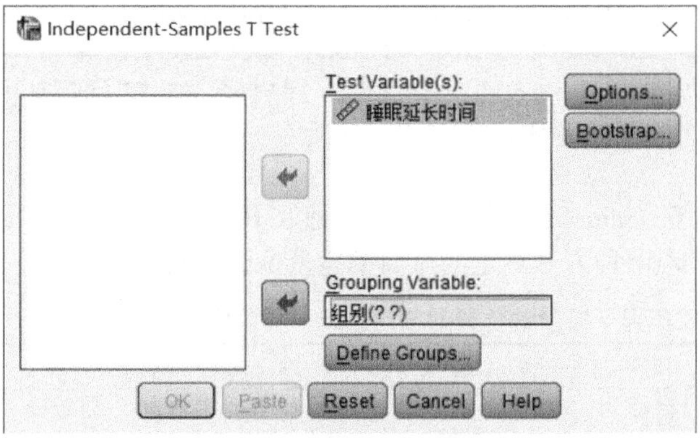

图 7-8　选择分析变量

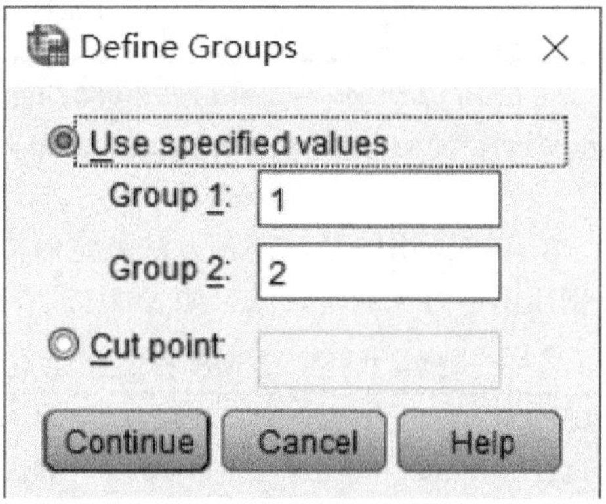

图 7-9　选择分组变量

（2）结果及其主要解读。正态性检验结果：从表 7-14 可以看出 Kolmogorov-Smirnov 方法和 Shapiro-Wilk 方法的检验结果，*P* 值均大于 0.10，可认为安眠药组和安慰剂组的睡眠延长时间服从正态分布。

表 7-14　正态性检验结果

Tests of Normality

		Kolmogorov-Smirnov[a]			Shapiro-Wilk		
	组别	Statistic	df	Sig.	Statistic	df	Sig.
睡眠延长时间	1	0.187	9	0.200*	0.953	9	0.725
	2	0.142	9	0.200*	0.921	9	0.404

*. This is a lower bound of the true significance

a. Lilliefors Significance Correction

两独立样本 t 检验结果：从表 7-15 可得出，安眠药组的睡眠延长时间均数为 2.3444 小时，标准差为 0.46128 小时，安慰剂组的睡眠延长时间均数为 1.5000 小时，标准差为 0.45826 小时。从表 7-16 可得出两组睡眠延长时间满足方差齐性（F=0.229，P=0.639），t 值为 3.896，自由度为 16，双侧检验 P=0.001，按照 α=0.05 检验水准，拒绝原假设，差别有统计学意义，可认为安眠药组的睡眠延长时间（2.3444 小时）高于安慰剂组（1.5000 小时）。

表 7-15　描述性统计结果

Group Statistics

	组别	N	Mean	Std. Deviation	Std. Error Mean
睡眠延长时间	1	9	2.3444	0.46128	0.15376
	2	9	1.5000	0.45826	0.15275

表 7-16　两独立样本 *t* 检验结果

Independent Samples Test

		Levene's Test for Equality of Variances		t-test for Equality of Means					95% Confidence Interval of the Difference	
		F	Sig.	t	df	Sig.（2-tailed）	Mean Difference	Std. Error Difference	Lower	Upper
睡眠延长时间	Equal variances assumed	0.229	0.639	3.896	16	0.001	0.84444	0.21674	0.38498	1.30391
	Equal variances not assumed			3.896	15.999	0.001	0.84444	0.21674	0.38498	1.30391

注：Equal variances assumed 为方差相等；Equal variances not assumed 为方差不相等；Levene's Test for Equality of Variances 为方差齐性检验；t-test for Equality of Means 为两独立样本 t 检验

3. 某医师用甲、乙两种方法测定血清钠含量（mmol/L）的差别，随机抽取 10 名正常成年男子，分别用两种方法测定，结果如表 7-17，问甲、乙两种方法测定的血清钠含量是否不同?

表 7-17　甲、乙两种方法对 10 名正常成年男子血清钠含量的测定结果　（单位：mmol/L）

编号	1	2	3	4	5	6	7	8	9	10
甲法	137.10	145.50	144.60	149.50	142.60	141.80	139.50	137.90	138.60	147.80
乙法	139.10	146.20	142.20	148.70	144.60	143.80	138.50	139.90	142.70	146.20

	甲法	乙法
1	137.10	139.10
2	145.50	146.20
3	144.60	142.20
4	149.50	148.70
5	142.60	144.60
6	141.80	143.80
7	139.50	138.50
8	137.90	139.90
9	138.60	142.70
10	147.80	146.20

图 7-10　数据界面

（1）SPSS 操作。按图 7-10 形式录入数据。

计算差值：依次点击"Transform"→"Compute Variable"。在弹出的对话框内，将"甲法"选入"Numeric Expression"框中，点击减号"–"，再将"乙法"选入"Numeric Expression"框中，在"Target Variable"写上"差值"，见图 7-11。设置完成，其余保持默认，点击"OK"完成。数据界面见图 7-12。

正态性检验：依次点击"Analyze"→"Descriptive Statistics"→"Explore"。在弹出的对话框内，将"差值"选入"Dependent List"框中，见图 7-13。点击"Plots"，勾选"Normality plots

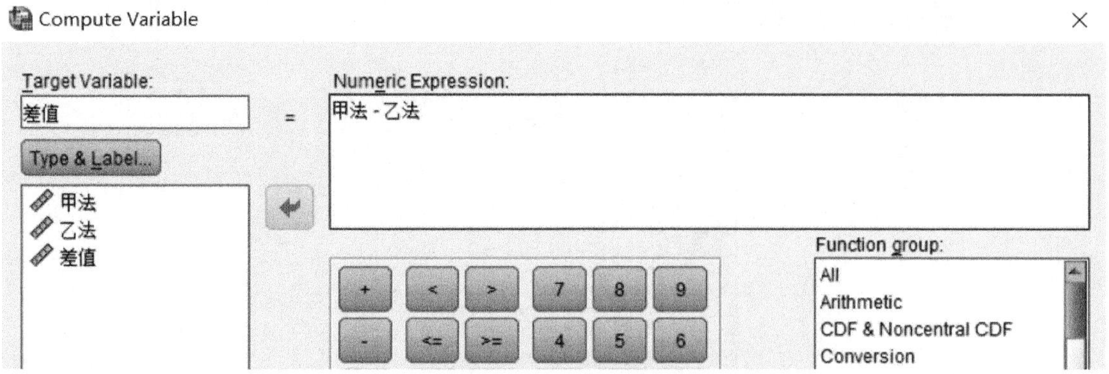

图 7-11　计算差值

	甲法	乙法	差值
1	137.10	139.10	-2.00
2	145.50	146.20	-.70
3	144.60	142.20	2.40
4	149.50	148.70	.80
5	142.60	144.60	-2.00
6	141.80	143.80	-2.00
7	139.50	138.50	1.00
8	137.90	139.90	-2.00
9	138.60	142.70	-4.10
10	147.80	146.20	1.60

图 7-12　新数据界面

with tests”，点击“Continue”，见图 7-14。设置完成，其余保持默认，点击“OK”完成。

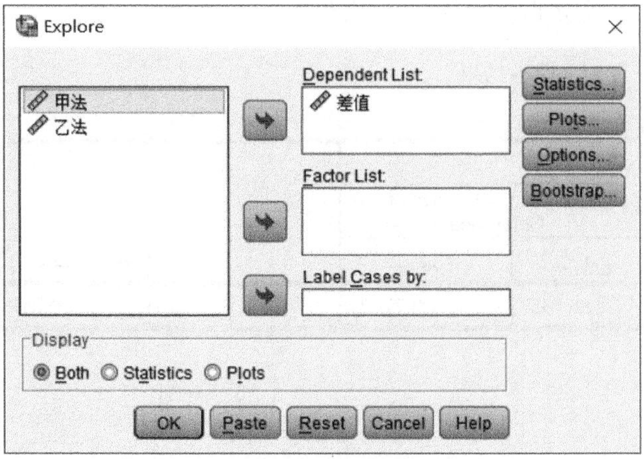

图 7-13　选择参数

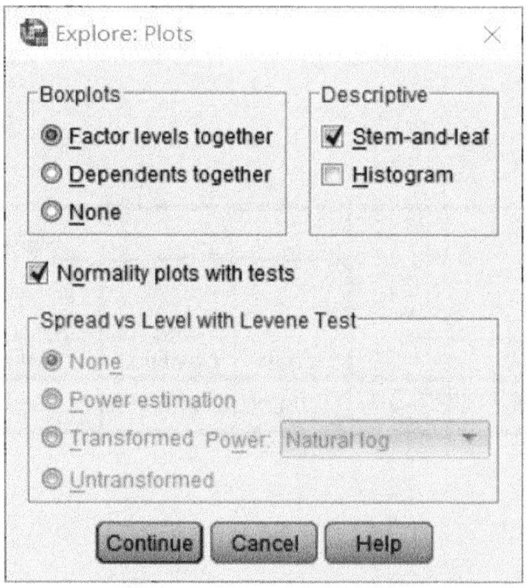

图 7-14　正态性检验

配对样本 t 检验：依次点击“Analyze”→“Compare Means”→“Paired-Samples T Test”。在弹出的对话框内，将左侧“甲法”和“乙法”均选入“Paired Variables”框中，见图 7-15。设置完成，其余保持默认，点击“OK”。

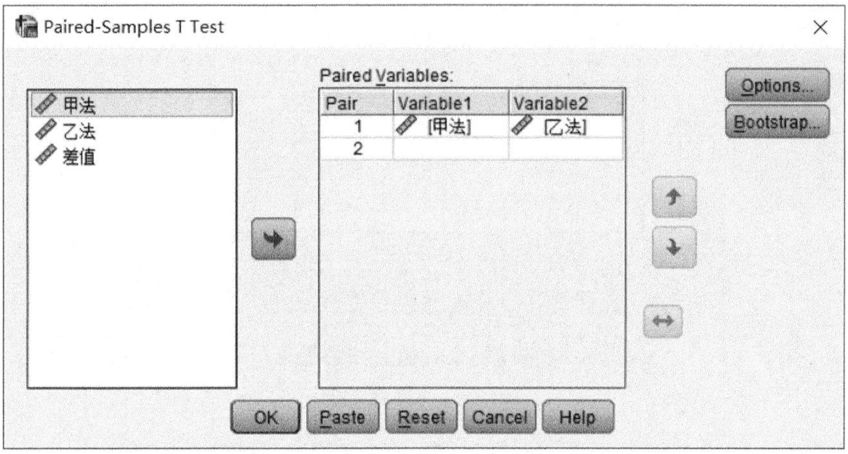

图 7-15　选择分析变量

（2）结果及主要解读。正态性检验结果：从表 7-18 可以看出 Kolmogorov-Smirnov 方法和 Shapiro-Wilk 方法的检验结果，P 均大于 0.10，可认为甲、乙两种方法测定血清钠含量的差值服从正态分布，故可采用配对样本 t 检验。

表 7-18　正态性检验结果

Tests of Normality

	Kolmogorov-Smirnov[a]			Shapiro-Wilk		
	Statistic	df	Sig.	Statistic	df	Sig.
差值	0.236	10	0.123	0.924	10	0.388

a. Lilliefors Significance Correction

配对 t 检验结果：从表 7-19 中可以看出，差值 d 的样本均数为–0.70000mmol/L，标准差为 2.06452 mmol/L，t 值为–1.072，自由度为 9，双侧检验 P=0.312，按照 α=0.05 检验水准，不拒绝原假设，差别无统计学意义，尚不能认为甲、乙两种方法测定血清钠含量不相同。

表 7-19　配对 t 检验结果

Paired Samples Test

	Paired Differences					t	df	Sig.（2-tailed）
				95% Confidence Interval of the Difference				
	Mean	Std. Deviation	Std. Error Mean	Lower	Upper			
Pair 1　甲法-乙法	–.70000	2.06452	0.65286	–2.17687	0.77687	–1.072	9	0.312

（张　燕）

第八章　方 差 分 析

【学习目标】

（1）掌握方差分析基本思想。

（2）掌握完全随机设计与随机区组设计资料方差分析。

（3）熟悉多个样本均数间的多重比较方法：LSD-t 检验法、Dunnett-t 检验法、SNK-q 检验法。

（4）熟悉多组资料的方差齐性检验。

（5）了解两因素析因设计方差分析、重复测量设计资料的方差分析。

【内容精要】

一、方差分析的基本思想

方差分析（analysis of variance，ANOVA）的基本思想就是根据资料的设计类型，即变异的不同来源，将全部观察值总的离均差平方和（sum of squares of deviations from mean，SS）和自由度分解为两个或多个部分，除随机误差外，其余每个部分的变异可由某个因素的作用（或某几个因素的交互作用）加以解释。不同来源变异的离均差平方和除以相应自由度即为不同来源的平均变异（均方），通过各变异来源的均方与误差均方比值的大小构建 F 统计量。根据 F 统计量，借助 F 分布作出统计推断。

二、完全随机设计与随机区组设计资料的方差分析

1. 完全随机设计资料方差分析　完全随机设计（completely random design）是将受试对象完全随机地分配到各个处理组。设计中只考虑一个处理因素，目的是推断比较组的总体均值是否不同。

完全随机设计方差分析将总变异 $SS_{总}$分解为组间变异 $SS_{组间}$与组内变异 $SS_{组内}$，自由度亦作相应分解（$\nu_{总}=\nu_{组间}+\nu_{组内}$）。组间变异反映了处理因素的作用（处理确有作用时），也包括了随机误差（包括个体差异及测定误差）；组内变异反映了随机误差的作用。变异分解及 F 值的构建见表 8-1。最后，借助 F 分布作出统计推断。

表 8-1　单因素多水平的方差分析表

变异来源	SS	ν	MS	F
总变异	$\sum_{i=1}^{k}\sum_{j=1}^{n_i}(x_{ij}-\bar{x})^2$	$N-1$		
组间变异	$\sum_{i=1}^{k}n_i(\bar{x}_i-\bar{x})^2$	$k-1$	$SS_{组间}/\nu_{组间}$	$MS_{组间}/MS_{组内}$
组内变异	$\sum_{i=1}^{k}\sum_{j=1}^{n_i}(x_{ij}-\bar{x}_i)^2$	$N-k$	$SS_{组内}/\nu_{组内}$	

2. 随机区组设计资料方差分析 随机区组设计（randomized block design）是将受试对象按自然属性（如实验动物的窝别、体重，病人的性别、年龄及病情等）相同或相近者组成单位组（区组），然后把每个组中的受试对象随机地分配，并给予不同处理。设计中有两个因素，一个是处理因素，另一个是按自然属性形成的单位组。单位组的选择原则是“单位组间差别越大越好，单位组内差别越小越好”。

变异分解及 F 值的构建见表 8-2。

表 8-2 随机区组设计的方差分析表

变异来源	SS	ν	MS	F
总变异	$\sum_{i=1}^{k}\sum_{j=1}^{b}(x_{ij}-\overline{x})^2$	$N-1$		
处理组	$\sum_{i=1}^{k}b(\overline{x}_i-\overline{x})^2$	$k-1$	$SS_{处理}/\nu_{处理}$	$MS_{处理}/MS_{误差}$
区组	$\sum_{j=1}^{b}k(\overline{x}_j-\overline{x})^2$	$b-1$	$SS_{区组}/\nu_{区组}$	$MS_{区组}/MS_{误差}$
误差	$SS_{总}-SS_{处理}-SS_{区组}$	$N-k-b+1$	$SS_{误差}/\nu_{误差}$	

最后，借助 F 分布作出统计推断。

3. 方差分析应用条件

（1）正态分布：各组样本均为来自正态分布总体的随机样本。

（2）方差齐性：各样本对应的总体方差齐同，即总体方差相同。

（3）各样本独立：各样本为相互独立的随机样本。

4. 多个样本均数的多重比较 如果方差分析结果表明各组间差别有统计学意义，如果进一步比较各组间或部分组间的差异，需要进行样本均数间的多重比较（multiple comparison）。进行多重比较的方法较多。常用的有：LSD-t 检验、Dunnett-t 检验、SNK-q 检验。

LSD-t 检验又称为最小显著差异 t 检验，适用于 k 个试验组中某一对或某几对在专业上有特殊意义的均数间差异的比较；Dunnett-t 检验适用于 $k-1$ 个试验组与一个对照组均数差别的多重比较；SNK-q 检验用于各组样本均数的两两间的全部比较。

【习题】

一、选择题

1. 完全随机设计资料的方差分析中，必然有（　　）。

A. $SS_{组内}<SS_{组间}$　　B. $SS_{组内}>SS_{组间}$　　C. $MS_{总}=MS_{组间}+MS_{组内}$

D. $SS_{总}=SS_{组间}+SS_{组内}$　　E. $MS_{组间}<MS_{组内}$

2. 完全随机设计单因素方差分析中，当 $P<0.05$ 时，可认为（　　）。

A. 各样本均数都不相等　　B. 各总体均数不等或不全相等

C. 各总体均数都不相等　　D. 各总体均数相等

E. 无法判断

3. 以下说法中不正确的是（　　）。

A. 方差除以其自由度就是均方

B. 方差分析时要求各样本来自相互独立的正态总体

C. 方差分析时要求各样本所在总体的方差相等
D. 完全随机设计的方差分析时，组内均方就是误差均方
E. 随机区组设计方差分析中，单位组内个体差别越大越好

4. 当组数等于 2 时，对于同一资料，方差分析结果与 t 检验结果（　　）。
A. 完全等价且 $F=t$
B. 方差分析结果更准确
C. t 检验结果更准确
D. 完全等价且 $t=\sqrt{F}$
E. 两者无内在联系

5. 完全随机设计与随机区组设计相比较（　　）。
A. 两种设计试验效率一样
B. 完全随机设计试验效率更高
C. 随机区组设计的变异来源比完全随机设计分得更细
D. 完全随机设计优于随机区组设计
E. 随机区组设计的误差一定小于完全随机设计

6. 三组均数比较的方差分析结果为 $P<0.05$，为进一步了解任两组间总体均数有无不同，可（　　）。
A. 无须检验，$P<0.05$ 已能推断任两组间总体均数均不同
B. 无须检验，$P<0.05$ 已能推断任两组间总体均数均相同
C. 进行 Student-t 检验
D. 进行 Dunnett-t 检验
E. 进行 SNK-q 检验

7. 下面说法中不正确的是（　　）。
A. 方差分析可以用于两个样本均数的比较
B. 完全随机设计更适合实验对象变异不太大的资料
C. 在随机区组设计中，每一个区组内的例数都等于处理数
D. 在随机区组设计中，区组内及区组间的差异都是越小越好
E. 在随机区组设计中，区组间差别越大越好，区组内差别越小越好

8. 随机区组设计要求研究对象在（　　）。
A. 区组内个体差异小，区组间个体差异大
B. 区组内没有个体差异，区组间个体差异大
C. 区组内个体差异大，区组间个体差异小
D. 区组内没有个体差异，区组间个体差异小
E. 区组内与区组间个体差异均小

9. 完全随机设计、随机区组设计的 $SS_{总}$ 各分解为几部分（　　）。
A. 2，2　B. 2，3　C. 2，4　D. 3，3　E. 3，4

10. 配对 t 检验可用哪种设计类型的方差分析来替代（　　）。
A. 完全随机设计
B. 随机区组设计
C. 完全随机设计与随机区组设计都可以
D. 完全随机设计与随机区组设计都不可以
E. 尚无法确定

二、判断题（请在以下题干后面的括号内标记 T 或 F，正确者标记 T，错误者标记 F）

1. 方差分析变异的分解是指全部观测值方差的分解。（　　）

2. 方差分析中，若 $P<0.05$，欲进一步推断多个实验组与共用对照组总体均数是否不同，可采用 Dunnett-t 检验。（　　）

3. 方差分析中，若 $P<0.05$，欲进一步推断任两组间总体均数是否不同，若采用 t 检验，将可能增大 II 类错误。（　　）

4. 方差分析适用性强，只要是定量变量多组间均数的比较，均适用。（　　）

5. 对于随机区组设计多组均数比较，采用完全随机设计方差分析与随机区组设计方差分析均可（　　）。

三、简答题及应用题

1. 方差分析的基本思想是什么？

2. 方差分析的基本条件是什么？

3. 样本均数的多重比较是否可用 t 检验？为什么？

4. 将 36 只大鼠按体重相近的原则配为 12 个单位组，各单位组的 3 只大鼠随机地分配到 3 个饲料组。1 个月后观察尿中氨基氮的排出量（mg）。经初步计算，$SS_{总}=162$，$SS_{饲料}=8$，$SS_{误差}=110$。试列出该实验数据分析的方差分析表。

5. 为研究某药物的抑癌效果，将造模成功裸小鼠随机分为 4 组，A、B、C 3 个药物组和对照组。用药 21 天后，测定 4 组裸小鼠的肿瘤重量（g），测定结果见表 8-3。问不同药物的抑癌作用有无不同？

表 8-3　某药物对裸小鼠抑癌（肿瘤重量）的结果　　（单位：g）

对照组	药物组 A	药物组 B	药物组 C
3.6	3.0	0.4	3.3
4.5	2.3	1.8	1.2
4.2	2.4	2.1	1.3
4.4	1.1	4.5	2.5
3.7	4.0	3.6	3.1
5.6	3.7	1.3	3.2
7.0	2.8	3.2	0.6
4.1	1.9	2.1	1.4
5.0	2.6	2.6	1.3
4.5	1.3	2.3	2.1

6. 为研究某药物不同剂量对大鼠子宫重量的作用，选取 8 窝大鼠，每窝 3 只，随机将每窝大鼠分到 3 个不同剂量药物组，给予不同药物剂量的灌胃，经过 2 周时间后测定其子宫重量，结果见表 8-4。问该药物不同剂量对大鼠子宫重量是否有影响？

表 8-4　不同剂量药物作用后大鼠的子宫重量　　（单位：g）

窝别	药物剂量		
	0.5g/L	1.0g/L	1.5g/L
1	98	102	138
2	56	74	96
3	75	66	84
4	63	85	118
5	87	96	108
6	55	73	94
7	69	91	112
8	79	94	107

四、案例

为研究不同白血病小鼠脾脏中 DNA 的含量，一研究团队测定了 3 组鼠脾 DNA 的含量(表 8-5)，并对该资料进行了 3 次两样本均数比较的 t 检验，结果如表 8-6。问以上统计方法是否正确？为什么？如不正确，应选用何种统计方法？

表 8-5　各组小鼠脾脏中 DNA 的含量　　（单位：mg）

正常脾	患自发性白血病的脾	患移植白血病的脾
12.3	10.8	9.3
13.2	11.6	10.3
13.7	12.3	11.1
15.2	12.7	11.7
15.8	13.5	11.7
16.9	13.5	12.0
17.3	14.8	12.3
17.4		12.4
		13.6

表 8-6　3 组小鼠脾脏中 DNA 的含量的两两比较

对比组	t	P	按 α=0.05 有无统计学意义
1 与 2	2.812	0.015	有
1 与 3	4.586	<0.001	有
2 与 3	1.762	0.100	无

五、SPSS 操作与结果解读

1. 为研究大鼠感染脊髓灰质炎病毒后接种伤寒或百日咳菌苗是否影响生存日数，研究结果见表 8-7。请对表 8-7 资料进行假设检验。若差别有统计学意义，进一步进行多重比较。

表 8-7　3 组大鼠生存日数　　（单位：日）

伤寒	百日咳	对照
5	6	8
7	6	9
8	7	10
9	8	10
9	8	10
10	9	11
10	9	12
11	10	12
11	10	14
12	11	16

（1）SPSS 操作。按图 8-1 形式录入数据，组别变量中“1”为伤寒，“2”为百日咳，“3”为对照。

正态性检验：依次点击“Analyze”→“Descriptive Statistics”→“Explore”。在弹出的对话框内，将左侧“睡眠延长时间”选入“Dependent List”框中，将“组别”选入“Factor List”框中，见图 8-2。点击“Plots”，勾选“Normality plots with tests”，点击“Continue”，见图 8-3。设置完成，其余保持默认，点击“OK”。

	组别	生存日数
4	1	9
5	1	9
6	1	10
7	1	10
8	1	11
9	1	11
10	1	12
11	2	6
12	2	6
13	2	7
14	2	8
15	2	8
16	2	9
20	2	11
21	3	8
22	3	9
23	3	10
24	3	10

图 8-1　数据界面（部分）

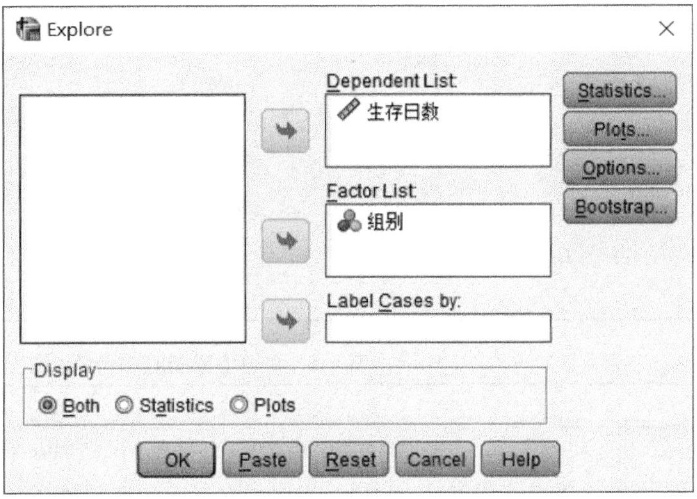

图 8-2　选择参数

完全随机设计的方差分析：依次点击“Analyze”→“Compare Means”→“One-Way ANOVA”。在弹出对话框中，将“生存日数”选入“Dependent List”框中，“组别”选入“Factor”框中，见图 8-4。

方差齐性检验：点击“Options”，勾选“Descriptive”和“Homogeneity of variance test”（方差齐性检验），点击“Continue”，见图 8-5。

组间两两比较：单击“Post Hoc Multiple Comparisons”，弹出对话框后。勾选“S-N-K”，点击“Continue”，见图 8-6。设置完成，其余保持默认，点击“OK”完成。

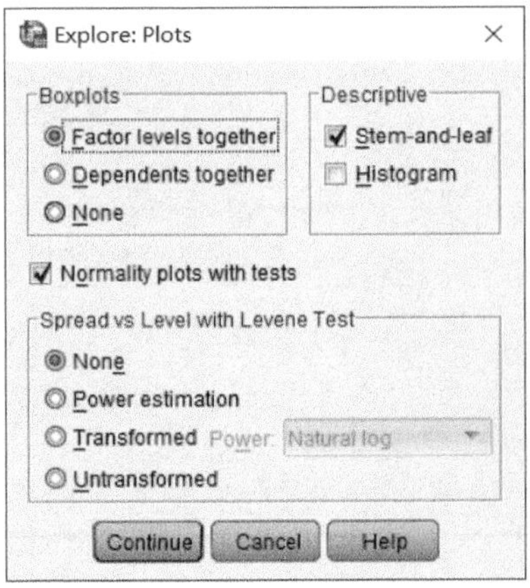

图 8-3　正态性检验

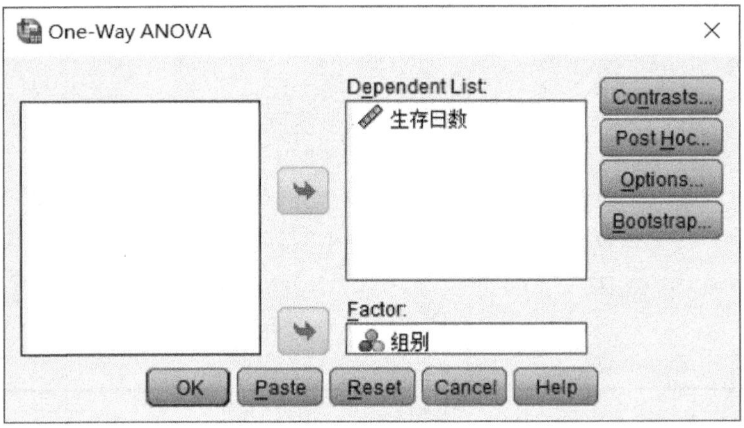

图 8-4　选择变量

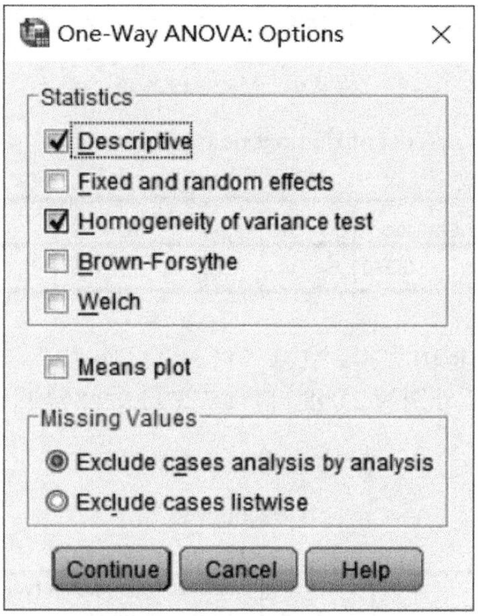

图 8-5 选择方差齐性检验和描述性结果

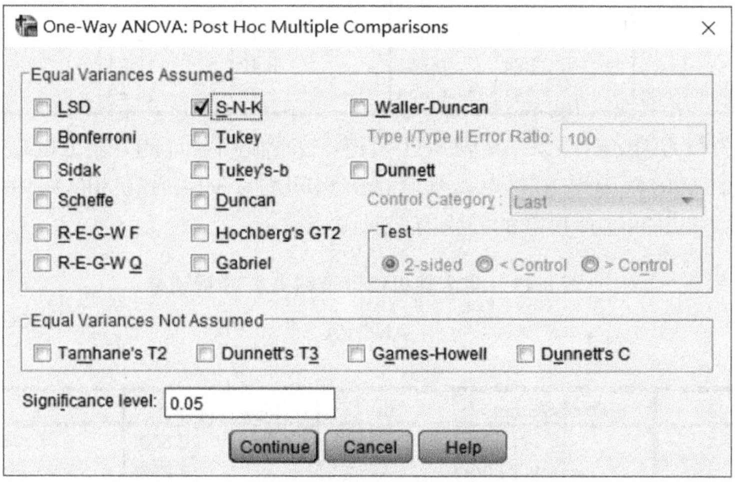

图 8-6 多个样本均数的多重比较参数选择

（2）结果及主要解读。正态性检验结果：从表 8-8 可以得出 Kolmogorov-Smirnov 方法和 Shapiro-Wilk 方法的检验结果，P 均大于 0.10，可认为 3 组的生存日数服从正态分布。

表 8-8 正态性检验结果

Tests of Normality

		Kolmogorov-Smirnov[a]			Shapiro-Wilk		
	组别	Statistic	df	Sig.	Statistic	df	Sig.
生存日数	1	0.162	10	0.200*	0.951	10	0.684
	2	0.137	10	0.200*	0.943	10	0.591
	3	0.192	10	0.200*	0.936	10	0.507

*. This is a lower bound of the true significance
a. Lilliefors Significance Correction

方差齐性检验结果：从表 8-9 可知方差齐性检验的 P=0.715，3 组满足方差齐性要求。

表 8-9　方差齐性检验

Test of Homogeneity of Variances

生存日数

Levene Statistic	df1	df2	Sig.
0.340	2	27	0.715

描述性统计结果：可从表 8-10 可得，伤寒“1”、百日咳“2”、对照组“3”的均数分别为 9.20 日、8.40 日、11.20 日，标准差分别为 2.098 日、1.713 日、2.394 日。

表 8-10　描述性统计结果

Descriptives

生存日数

	N	Mean	Std. Deviation	Std. Error	95% Confidence Interval for Mean		Minimum	Maximum
					Lower Bound	Upper Bound		
1	10	9.20	2.098	0.663	7.70	10.70	5	12
2	10	8.40	1.713	0.542	7.17	9.63	6	11
3	10	11.20	2.394	0.757	9.49	12.91	8	16
Total	30	9.60	2.343	0.428	8.73	10.47	5	16

完全随机设计资料方差分析结果：从表 8-11 可得，完全随机设计的方差分析总变异 $SS_{总}$=159.200，组间平方和 $SS_{组间}$=41.600，组内平方和 $SS_{组内}$=117.600，组间均方 $MS_{组间}$=20.800，组内均方 $MS_{组内}$= 4.356，F=4.776，P=0.017，3 组间生存日数的差别有统计学意义。

表 8-11　完全随机设计资料方差分析结果

ANOVA

生存日数

	Sum of Squares	df	Mean Square	F	Sig.
Between Groups	41.600	2	20.800	4.776	0.017
Within Groups	117.600	27	4.356		
Total	159.200	29			

进一步进行组间的两两比较，表 8-12 为 SNK-q 检验结果，伤寒“1”与百日咳“2”生存日数的差异无统计学意义，伤寒“1”与对照组“3”生存日数的差别有统计学意义，百日咳“2”与对照组“3”生存日数的差别有统计学意义。

表 8-12　SNK-q 检验结果

生存日数

	组别	N	Subset for alpha = 0.05	
			1	2
Student-Newman-Keuls[a]	2	10	8.40	
	1	10	9.20	
	3	10		11.20
	Sig.		0.399	1.000

Means for groups in homogeneous subsebs are displayed

a. Uses Harmonic Mean sample size=10.000

2. 为研究 3 种饲料对昆明小鼠体重的影响，以窝别为配伍条件，将 24 只小鼠配伍为 8 个区组，每区组（每窝）3 只，将每窝 3 只小鼠随机分到不同饲料组进行 2 周喂养，以 2 周所增加体重为效应指标，结果见表 8-13。对表 8-13 资料进行假设检验。

表 8-13　不同饲料组昆明小鼠体重增加量　　　　（单位：g）

窝别	体重增加量		
	A	B	C
1	7.8	5.9	8.8
2	6.6	5.1	7.8
3	6.3	5.2	7.3
4	6.8	6.0	7.4
5	10.2	8.7	12.6
6	9.1	8. 9	10.2
7	6.5	5.9	8.2
8	12.5	10.4	13.2

（1）SPSS 操作。按图 8-7 形式录入数据。

	窝别	饲料种类	体重增加量
1	1	A	7.8
2	1	B	5.9
3	1	C	8.8
4	2	A	6.6
5	2	B	5.1
6	2	C	7.8
7	3	A	6.3
8	3	B	5.2
9	3	C	7.3
10	4	A	6.8
11	4	B	6.0
12	4	C	7.4
13	5	A	10.2
14	5	B	8.7
15	5	C	12.6

图 8-7　数据录入

正态性检验：此操作步骤与完全随机设计的方差分析正态性检验一致。依次点击“Analyze”→“Descriptive Statistics”→“Explore”。在弹出的对话框内，将左侧“体重增加量”选入“Dependent Variable”框中，将“饲料种类”选入“Fixed Factor（s）”框中，见图 8-8。点击“Plots”，勾选“Normality plots with tests”，点击“Continue”。设置完成，其余保持默认，点击“OK”。

方差齐性检验：依次点击“Analyze”→“General Linear Model”→“Univariate”。在弹出的对话框中，将“体重增加量”选入“Dependent Variable”框中，“饲料种类”选入“Fixed Factor（s）”框中，见图 8-8。点击“Options”，勾选“Descriptive statistic”和“Homogeneity tests（方差齐性检验）”，将“饲料种类”选入“Display Means for”，点击“Continue”，见图 8-9。设置完成，其余保持默认，点击“OK”，可得方差齐性检验和描述性结果。

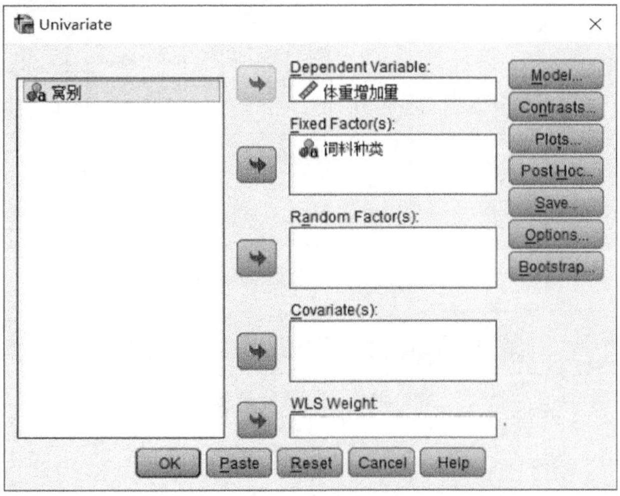

图 8-8　选择变量

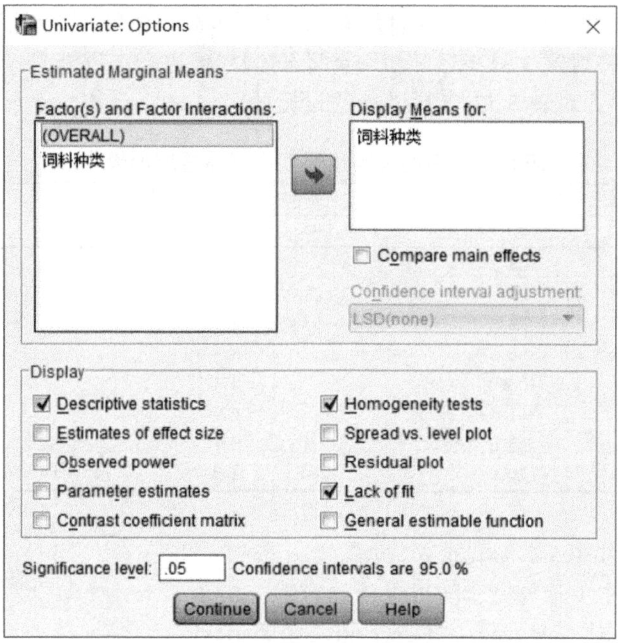

图 8-9　选择方差齐性检验和描述性结果

随机区组的方差分析：依次点击“Analyze”→“General Linear Model”→“Univariate”。在弹出的对话框中，将“体重增加量”选入“Dependent Variable”框中，“饲料种类”选入“Fixed Factor（s）”框中，“窝别”选入“Random Factor（s）”框中，见图 8-10。单击“Model”，弹出对话框，选择“Custom”，将“Factors & Covariates”中的“饲料种类”和“窝别”选入“Model”框中，取消勾选“Include intercept in model”，其余默认，见图 8-11。

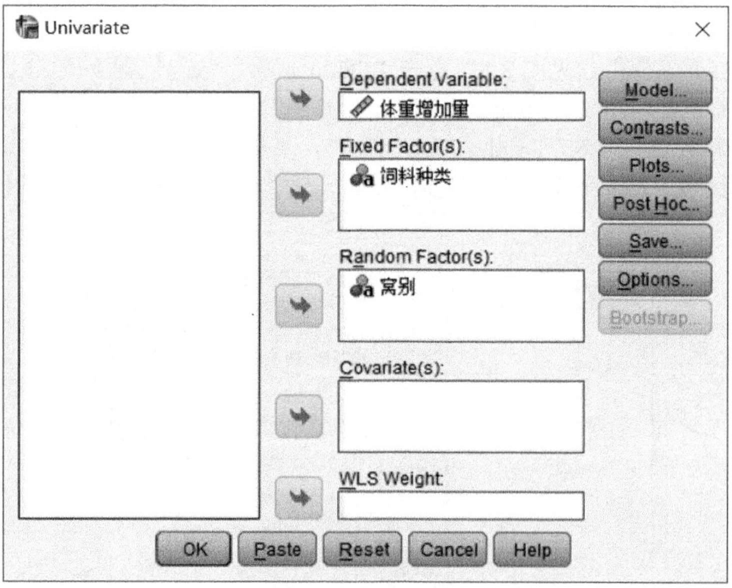

图 8-10　选择分析变量

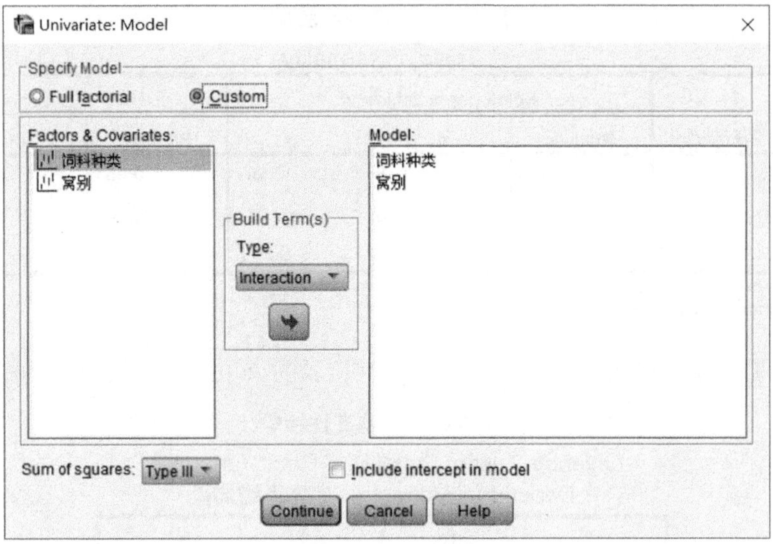

图 8-11 选择模型

组间两两比较：单击“Post Hoc Multiple Comparisons”，弹出对话框后。将“饲料种类”选入“Post Hoc Tests for”，勾选“S-N-K”（Student-Newman-Keuls 法），点击“Continue”，见图 8-12。

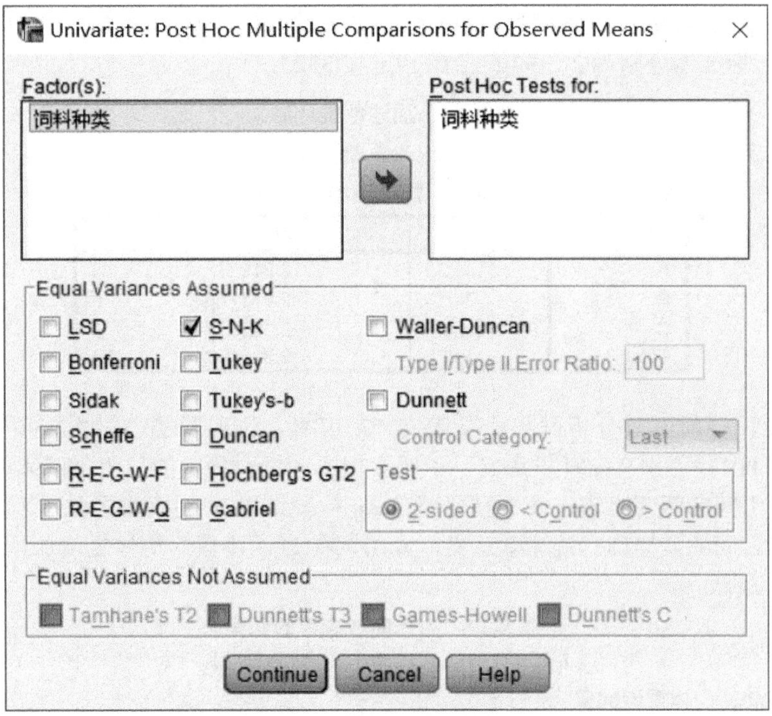

图 8-12 选择两两比较参数

（2）结果及主要解读。正态性检验结果：从表 8-14 可以得出 Shapiro-Wilk 方法的检验结果，P 均大于 0.05，可认为 3 组的体重增加量服从正态分布。

表 8-14 正态性检验结果

Tests of Normality

	饲料种类	Kolmogorov-Smirnov[a]			Shapiro-Wilk		
		Statistic	df	Sig.	Statistic	df	Sig.
体重增加量	A	0.240	8	0.197	0.851	8	0.097
	B	0.318	8	0.017	0.838	8	0.072
	C	0.233	8	0.200*	0.844	8	0.083

*. This is a lower bound of the true significance

a. Lilliefors Significance Correction

方差齐性检验结果：可从表 8-15 可知方差齐性检验的 P=0.933，3 组满足方差齐性要求。

表 8-15 方差齐性检验

Levene's Test of Equality of Error Variances[a]

Dependent Variable： 体重增加量

F	df1	df2	Sig.
0.070	2	21	0.933

Tests the null hypothesis that the error variance of the dependent variable is equal across groups.

a. Design：饲料种类

描述性统计结果：可从表 8-16 可得，饲料 A、饲料 B、饲料 C 的体重增加量的均数分别为 8.225g、7.013g、9.437g，标准差分别为 2.2192g、2.0117g、2.3323g。

表 8-16 描述性统计结果

Descriptive Statistics

Dependent Variable： 体重增加量

饲料种类	Mean	Std. Deviation	N
A	8.225	2.2192	8
B	7.013	2.0117	8
C	9.437	2.3323	8
Total	8.225	2.3257	24

随机区组设计资料方差分析结果：从表 8-17 可得，饲料种类 F=47.259，P＜0.001，窝别 F=55.909，P＜0.001，差别有统计学意义，说明食用不同饲料种类的昆明小鼠体重增加量不同。

进一步进行组间的两两比较，表 8-18 为 SNK-q 检验结果，食用饲料 A、饲料 B、饲料 C 后，小鼠体重增加量之间的差异均有统计学意义，食用饲料 C 的小鼠平均体重增加量最高，饲料 A 的其次，饲料 B 的最低。

表 8-17 主体间效应检验结果

Tests of Between-Subjects Effects

Dependent Variable： 体重增加量

Source		Type III Sum of Squares	df	Mean Square	F	Sig.
饲料种类	Hypothesis	23.523	2	11.761	47.259	0.000
	Error	3.484	14	0.249[a]		
窝别	Hypothesis	97.398	7	13.914	55.909	0.000
	Error	3.484	14	0.249[a]		

a. MS（Error）

注：Type Ⅱ Sun of Squares 为平方和（即 SS）；Mean Square 为均方

表 8-18 SNK-*q* 检验结果

体重增加量

Student-Newman-Keuls[a, b]

饲料种类	N	Subset		
		1	2	3
B	8	7.013		
A	8		8.225	
C	8			9.437
Sig.		1.000	1.000	1.000

Means for groups in homogeneous subsets are displayed

Based on observed means

The error term is Mean Square（Error）= .249

a. Uses Harmonic Mean Sample Size = 8.000

b. Alpha = .05

（相春环）

第九章 χ^2 检 验

【学习目标】

（1）掌握 χ^2 检验基本思想。
（2）掌握 χ^2 检验应用条件。
（3）熟悉多个样本率间的多重比较。
（4）了解四格表确切概率法。

【内容精要】

一、χ^2 检验基本思想

χ^2 检验的基本思想是检验实际频数和理论频数的差别是否由抽样误差引起，以 χ^2 值的大小来反映理论频数与实际频数的吻合程度。在 H_0 成立的条件下，实际频数与理论频数相差不应该很大，即 χ^2 值不应该很大，若得到的 χ^2 值很大，说明实际频数与理论频数的吻合度低。当 χ^2 值超过了设定的检验水准所对应的 χ^2 界值，说明实际频数与理论频数的差别由抽样误差引起的可能性很小，有理由拒绝 H_0，接受 H_1。若得到的 χ^2 值不很大，说明实际频数与理论频数的差别由抽样误差引起的可能性很大，此时则不拒绝 H_0。

二、χ^2 检验方法

1. 四格表资料

（1）完全随机设计四格表资料。当总例数 $n \geqslant 40$，且所有格子的理论频数 $T \geqslant 5$ 时，用四格表 χ^2 检验的基本公式或专用公式计算 χ^2 值。

$$\text{基本公式：}\quad \chi^2 = \sum \frac{(A-T)^2}{T}, \quad v=1$$

$$\text{专用公式：}\quad \chi^2 = \frac{(ad-bc)^2 n}{(a+b)(c+d)(a+c)(b+d)}, \quad v=1$$

当总例数 $n \geqslant 40$，但有 $1 \leqslant T < 5$ 的格子时，用校正公式计算 χ^2 值为宜。

$$\chi^2 = \sum \frac{\left(|A-T|-0.5\right)^2}{T} \quad \text{或} \quad \chi^2 = \frac{\left(|ad-bc|-n/2\right)^2 n}{(a+b)(c+d)(a+c)(b+d)}, \quad v=1$$

当总例数 $n < 40$ 或 $T < 1$ 时，不宜按上述公式计算 χ^2 值，而需采用四格表确切概率法直接计算概率。

（2）配对设计四格表资料。

若 $b+c \geqslant 40$，其检验统计量公式为

$$\chi^2=\frac{(b-c)^2}{b+c},\ v=1$$

若 $b+c<40$，其检验统计量校正公式为

$$\chi^2=\frac{(|b-c|-1)^2}{b+c},\ v=1$$

2. $R\times C$表资料 对于 $R\times C$ 表资料的多个样本率、构成比的比较，其检验统计量公式为

$$\chi^2=\sum\frac{(A-T)^2}{T} \text{或} \chi^2=n\left(\sum\frac{A^2}{n_R n_c}-1\right),\ v=(R-1)(C-1)$$

三、χ^2检验应用条件

1. 四格表资料 对于完全随机设计两独立样本资料的 χ^2 检验，当 $1\leqslant T<5$，$n\geqslant 40$ 时，可用连续性校正 χ^2 检验；当 $n<40$ 或 $T<1$ 时，用 Fisher 精确概率法。对于配对四格表资料，当 $b+c\geqslant 40$，可用配对 χ^2 检验；当 $b+c<40$，用校正配对 χ^2 检验或 Fisher 精确概率法。

2. $R\times C$表资料 对于 $R\times C$ 表资料，理论频数不宜太小。一般规定：不能有理论频数小于 1 的格子，理论频数 $1\leqslant T<5$ 的格子数不超过总格子数的 1/5。如果有 1/5 以上格子的理论频数 $1\leqslant T<5$，可采用以下处理办法。

（1）增加样本含量，以增大理论频数。

（2）将理论频数太小的行或列与性质相近的邻行或邻列中的实际频数合并。合并后可以产生较大的理论频数，但要注意相邻类别合并要符合专业知识，合并后要有实际意义。

（3）删去理论频数太小格子所在的行或列。

（4）采用 Fisher 精确概率法。

注意：在实际应用中，要根据资料的类型、研究目的、满足应用条件的情况选用恰当的分析方法。$R\times C$ 表资料 χ^2 检验适用于“效应”指标为无序分类的 $R\times C$ 表。当“效应”为有序指标时，若了解不同组别“效应”总体构成比有无不同，仍然可考虑采用 χ^2 检验，若了解不同组别“效应”总体水平有无不同，一般用秩和检验分析更适宜。

四、多 重 比 较

进行多个样本率（或构成比）比较的 χ^2 检验，拒绝 H_0 时，只能认为各总体率（或构成比）总的有差别，而不能认为每两组之间都有差异。如果需要知道各组之间是否有差异，需要进一步进行多重比较。

【习题】

一、选择题

1. 如果 $\chi^2\geqslant\chi^2_{0.05,1}$，下列说法正确的是（　　）。

A. 反映理论频数与实际频数的吻合程度高 B. 说明实际频数与理论频数的差别由抽样误差引起

C. 则不拒绝 H_0，差别无统计学意义 D. 说明实际频数与理论频数相差不应该很大

E. 则 $P\leqslant 0.05$，说明实际频数与理论频数的差别由抽样误差引起的可能性很小

2. 四格表资料，改变其中一个格子实际频数，而行列合计不变时，则理论频数（　　）。

A. 增大　B. 减小　C. 不变　D. 可能增大，也可能减小　E. 以上均不对

3. 独立四格表 χ^2 检验，当自由度一定时，χ^2 值越大，则 P 值（　　）。

A. 越大　B. 越小　C. 不变　D. 与 χ^2 值无关　E. 与 χ^2 值相等

4. 做 3 个样本率的 χ^2 检验，每组样本含量都为 100，则其自由度为（　　）。

A. 300　B. 297　C. 6　D. 1　E. 2

5. $R\times C$ 表资料的 χ^2 检验，$P\leqslant 0.05$，说明（　　）。

A. 各样本率全相等　B. 各总体率全相等

C. 任何两个总体率之间不相等　D. 各样本率不等或不全相等

E. 各总体率不等或不全相等

6. 配对四格表资料需用校正 χ^2 检验公式的条件是（　　）。

A. $1<T<5$，$n>40$　B. $n<40$ 或 $T<1$　C. $b+c>40$

D. $a+c<40$　E. $b+c<40$

7. 甲、乙两名研究者分别以检验水准 0.01 和 0.05 对同一四格表资料做 χ^2 检验，检验结果都是拒绝原假设，则可以认为（　　）。

A. 两名研究者结果一致　B. 两名研究者结果矛盾　C. 甲研究结果更可信

D. 乙研究结果更可信　E. 甲研究说明两总体差别更大

8. 某医师比较两种药物治疗某疾病的效果，发现 A 药未治愈 20 人，B 药未治愈 0 人，则下列说法正确的是（　　）。

A. 必须用四格表确切概率法　B. 必然用校正 χ^2 检验

C. 不能决定是否可作 χ^2 检验　D. 肯定可作 χ^2 检验

E. 肯定不可作 χ^2 检验

9. 某医院 60 份大肠杆菌标本分别在甲、乙两种培养基上培养，检测得甲、乙两种培养基一致阳性数为 32，甲培养基阳性数为 40，乙培养基阳性数为 44，则甲、乙两种培养基一致阴性数为（　　）。

A. 40　B. 20　C. 12　D. 16　E. 8

10. 某疾控中心分别用血凝试验法和 ELISA 法对轮状病毒进行检测，诊断符合情况见表 9-1，欲对比两种检验方法的结果有无差别，应采用的假设检验方法为（　　）。

表 9-1　两种方法的检测结果

甲	乙		合计
	+	–	
+	28	1	29
–	7	74	81
合计	35	75	110

A. 连续校正的独立四格表 χ^2 检验

B. 独立四格表 Fisher 精确概率法检验

C. 配对四格表 χ^2 检验

D. 连续校正的配对四格表 χ^2 检验

E. $R\times C$ 表资料的 χ^2 检验

二、判断题（请在以下题干后面的括号内标记 T 或 F，正确者标记 T，错误者标记 F）

1. 对于 $R\times C$ 表，χ^2 值的大小反映了理论频数与实际频数的吻合程度。（　　）

2. 完全随机设计两样本率比较的 χ^2 检验中，要求实际频数不能为“0”。（　　）

3. 配对四格表 χ^2 检验，对四个格子的实际频数无限制。（ ）

4. 三个率比较的 χ^2 检验，得 $P<0.05$，则可认为三个总体率均不相等。

5. 对于 $R\times C$ 表资料，要求不能有理论频数小于 1 的格子，也要求理论频数 $1\leqslant T<5$ 的格子数不超过总格子数的 1/5。（ ）

三、简答题及应用题

1. 某医师为比较中药和西药治疗胃溃疡的疗效，随机抽取 80 例胃溃疡病人分成中药组和西药组，结果中药治疗 32 例，有效 25 例，西药治疗 48 例，有效 46 例。

请回答：

（1）该资料为何种类型资料？

（2）比较两种药物有效率有无差别，应采用何种假设检验方法？请给出公式、可能的假设检验结果及其对应的推断结论。

2. 有 95 份乳品，分别用乳胶凝聚法（甲）与常规培养法（乙）进行细菌检查，结果如表 9-2。

表 9-2 两种方法的检测结果

甲	乙		合计
	+	–	
+	72	8	80
–	14	1	15
合计	86	9	95

问：

（1）这是何种类型资料？这是何种实验设计方法？

（2）甲、乙两种细菌检查方法是否不同？

3. 用两种方法检查已确诊的肺癌病人 110。甲法的检出率为 70%，乙法的检出率为 60%，两法一致的检出率为 40%。请绘制合适的四格表，并回答：

（1）该资料属于何种类型的资料？该研究属于何种设计类型？

（2）甲、乙两种方法检出率是否不同？

4. 中国中部、西部、南部三个地区献血人员的血型记录如表 9-3，请问三个地区的血型分布是否不同？

表 9-3 三个地区献血人员的血型分布

地区	A	B	O	AB	合计
中部	33	6	56	5	100
西部	54	14	52	5	125
南部	44	18	50	4	116
合计	131	38	158	14	341

四、案例

1. 某研究者用冠心 2 号药物治疗心绞痛病人，将 325 名心绞痛病人随机分为三组，甲组病人服药一个疗程，乙组病人服药二个疗程，丙组病人服药三个疗程，疗效见表 9-4。为考察三个疗程组的有效率之间有无差异，该研究者用 χ^2 检验分别对三组间的任两组进行两两比较，结果为：甲

与乙 $\chi^2=4.200, P=0.040$；甲与丙 $\chi^2=12.183, P=0.0001$；乙与丙 $\chi^2=4.546, P=0.033$。因而，该研究者认为 P 值都小于 0.05，故三个疗程组的总体有效率之间均不同。请对上述假设检验方法及其结论是否合适？为什么？

表 9-4　三个疗程治疗心绞痛病人的有效率

组别	有效	无效	合计
甲组	81	29	110
乙组	126	24	150
丙组	66	4	70
合计	273	57	325

2. 某医师对甲、乙两种疗法治疗小儿细菌性痢疾的疗效作比较，将病人随机分为两组，以两种方法治疗，疗效见表 9-5。该医师用 $R\times C$ 表资料 χ^2 检验公式算得 $\chi^2=16.768, v=3, P=0.001<0.05$，按照检验水准 0.05 拒绝 H_0，甲、乙两组疗效差异有统计学意义，可以认为甲、乙两种疗法治疗小儿细菌性痢疾的疗效不同。请讨论以上检验方法是否正确，为什么？

表 9-5　甲、乙两种疗法治疗小儿细菌性痢疾的效果

疗法	治愈	显著	好转	无效	合计
甲法	25	17	13	5	60
乙法	35	5	5	15	60
合计	60	22	18	20	120

五、SPSS 操作与结果解读

1. 某研究组开展了某新疗法和传统疗法对慢性喉炎治疗效果评价的随机对照试验，结果见表 9-6。请比较两种疗法的疗效？

表 9-6　两种疗法疗效比较

组别	无效	有效
新疗法	6	54
传统疗法	14	46

（1）SPSS 操作。按图 9-1 形式录入数据。

	组别	疗效	频数
1	新疗法	无效	6
2	新疗法	有效	54
3	传统疗法	无效	14
4	传统疗法	有效	46

图 9-1　数据录入

频数加权：依次点击“Data”→“Weight Cases”。在弹出的对话框中，点击“Weight cases by”，将“频数”选入“Frequency Variable”，点击“OK”。见图 9-2。

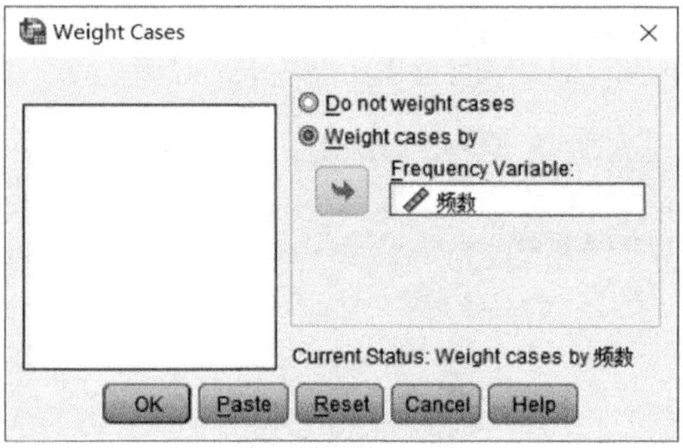

图 9-2 频数加权

χ^2 检验和 Fisher 确切概率法：点击“Analyze”→“Descriptive Statistics”→“Crosstabs”，将“组别”选入“Row（s）”，“疗效”选入“Column（s）”，见图 9-3。点击“Statistics”，勾选“Chi-square”，点击“Continue”，见图 9-4。点击“Cells”，勾选“Observed”、“Expected”和“Row”，即实际频数、理论频数和行百分比，点击“Continue”，见图 9-5。点击“Exact”，勾选“Exact”，点击“Continue”，见图 9-6。设置完成，其余保持默认，点击“OK”。

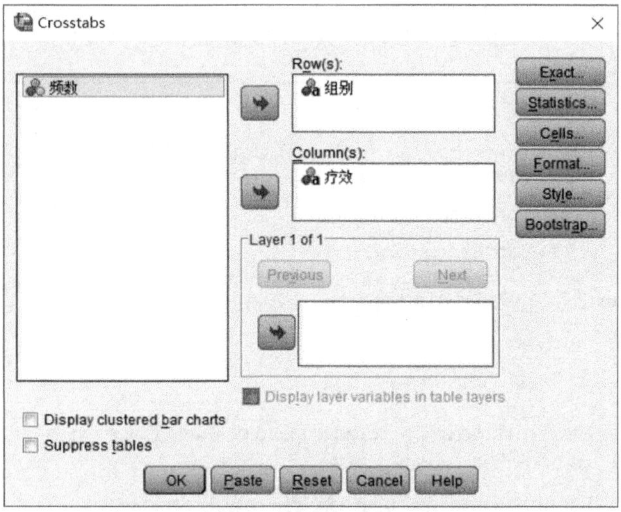

图 9-3 选择分析变量

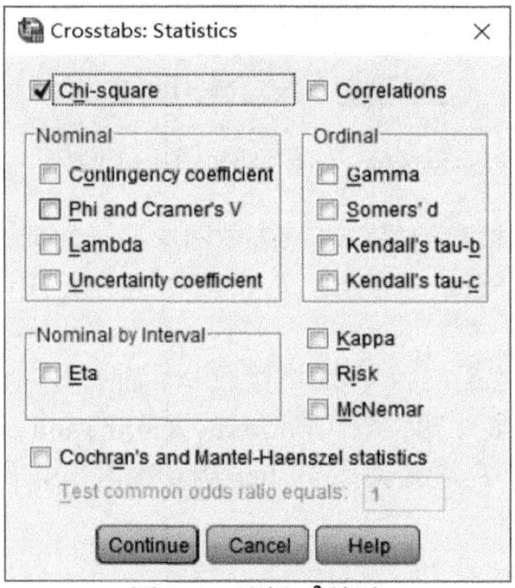

图 9-4 选择 χ^2 检验

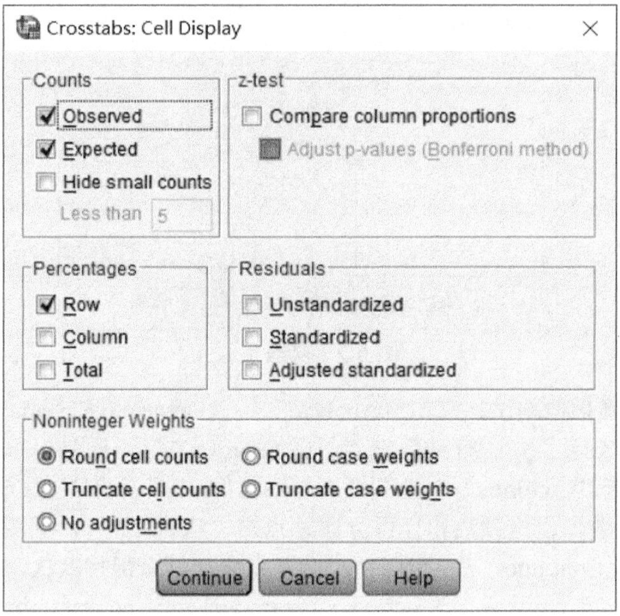

图 9-5　选择实际频数、理论频数和行百分比

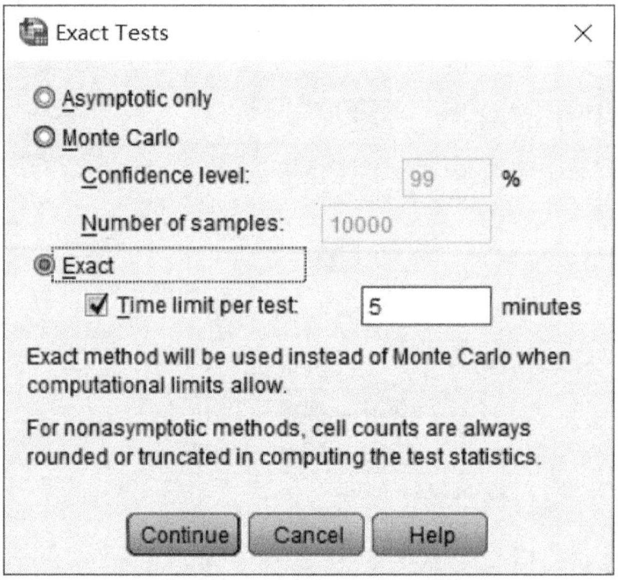

图 9-6　选择 Fisher 确切概率法

（2）结果及主要解读。χ^2 检验结果：表 9-7 中四个格子的理论频数均>5，表明适合用 χ^2 检验。从表 9-8 可得 Pearson Chi-Square=3.840，P=0.085，差别无统计学意义，尚不能认为新疗法与传统疗法的有效率不同。

备注：①当表 9-8 下方的备注 a 中有期望频数≥1 而<5，且总例数 n≥40，可使用四格表的校正公式，结果分别见表 9-8 中第二行 Continuity Correction；②当表 9-8 下方的备注 a 中有期望频数<1，或总例数 n<40，需要使用 Fisher 确切概率法，结果见表 9-8 中第四行 Fisher's Exact Test。

表 9-7 组别与疗效的交叉表

组别 * 疗效 Crosstabulation

			疗效		Total
			无效	有效	
组别	传统疗法	Count	14	46	60
		Expected Count	10.0	50.0	60.0
		% within 组别	23.3%	76.7%	100.0%
	新疗法	Count	6	54	60
		Expected Count	10.0	50.0	60.0
		% within 组别	10.0%	90.0%	100.0%
Total		Count	20	100	120
		Expected Count	20.0	100.0	120.0
		% within 组别	16.7%	83.3%	100.0%

表 9-8 χ^2 检验和 Fisher 确切概率法结果

Chi-Square Tests

	Value	df	Asymp. Sig.（2-sided）	Exact Sig.（2-sided）	Exact Sig.（1-sided）
Pearson Chi-Square	3.840[a]	1	0.050	0.085	0.042
Continuity Correction[b]	2.940	1	0.086		
Likelihood Ratio	3.932	1	0.047	0.085	0.042
Fisher's Exact Test				0.085	0.042
N of Valid Cases	120				

a. 0 cells（0.0%）have expected count less than 5. The minimum expected count is 10.00.

b. Computed only for a 2x2 table

注：Pearson Chi-Square 为皮尔逊卡方；Continuity Correction 为连续性修正；Like lihood Ratio 为似然比；Fisher's Exact Test 为费希尔精确检验；N of Vaild Cases 为样本量；Asymp. Sig.（2-sided）为近似 P 值（双侧）

2. 观察不同吻合平面的结直肠手术病人的吻合口漏发生情况，吻合口平面在横结肠（A 组）的病人 57 例，吻合口平面在乙状结肠或者直肠上段（B 组）的病人 115 例，吻合口平面在直肠中下段（C 组）的病人 284 例，观察结果见表 9-9。A 组、B 组和 C 组吻合口漏发生率有无不同？

表 9-9 三组病人吻合口漏的发生率比较

组别	发生	未发生	发生率（%）
A	0	57	0.0
B	11	104	9.5
C	23	261	8.1
合计	34	422	7.5

（1）SPSS 操作。按图 9-7 形式录入数据。

	组别	结局	频数
1	A	发生	0
2	A	未发生	57
3	B	发生	11
4	B	未发生	104
5	C	发生	23
6	C	未发生	261

图 9-7 数据录入

频数加权：依次点击“Data”→“Weight Cases”。在弹出的对话框中，点击“Weight cases by”，将“频数”选入“Frequency Variable”，点击“OK”。如图 9-8 所示。

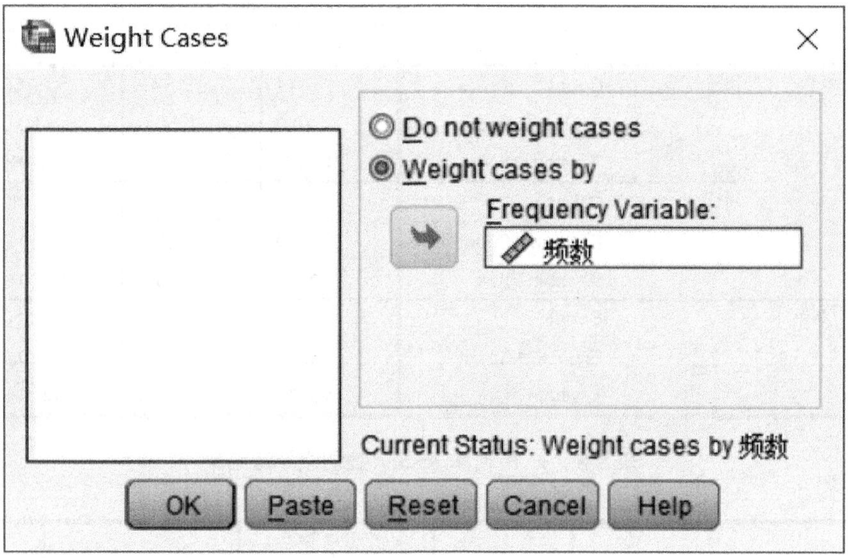

图 9-8　频数加权

χ^2 检验和 Fisher 确切概率法：点击“Analyze”→“Descriptive Statistics”→“Crosstabs”，将“组别”选入“Row（s）”，“结局”选入“Column（s）”，见图 9-9。点击“Statistics”，勾选“Chi-square”，点击“Continue”，见图 9-10。点击“Cell Display”，勾选“Observed”、“Expected”和“Row”，即实际频数、理论频数和行百分比，点击“Continue”，见图 9-11。点击“Exact”，勾选“Exact”，点击“Continue”，见图 9-12。设置完成，其余保持默认，点击“OK”。

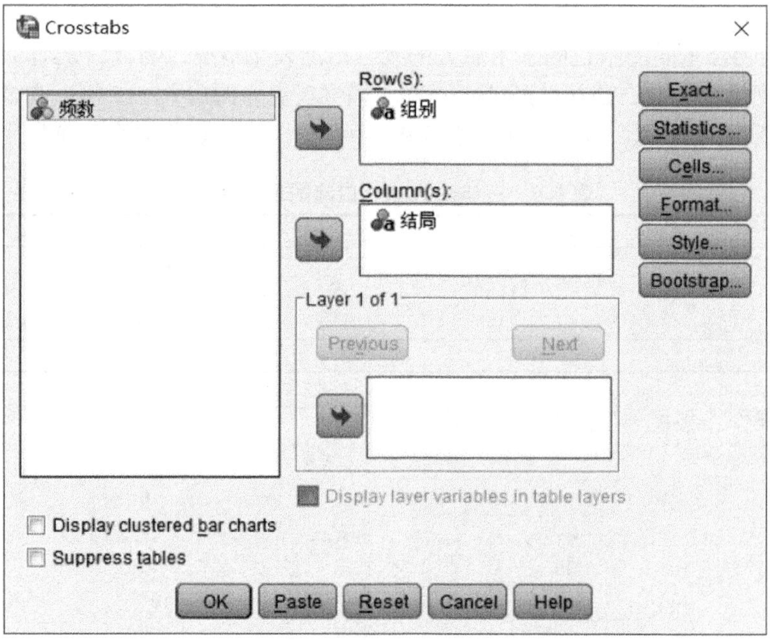

图 9-9　选择分析变量

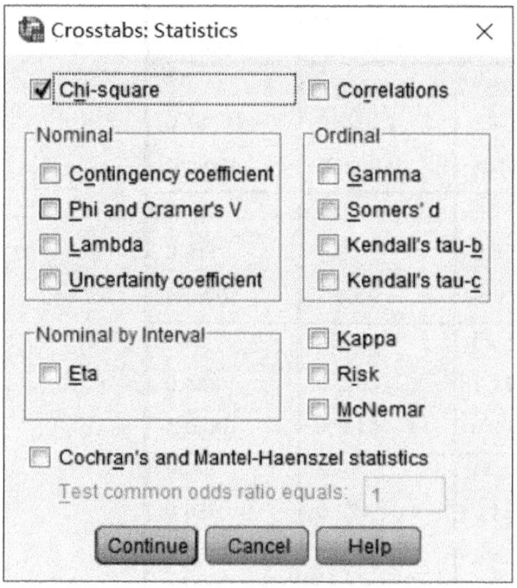

图 9-10　选择 χ^2 检验

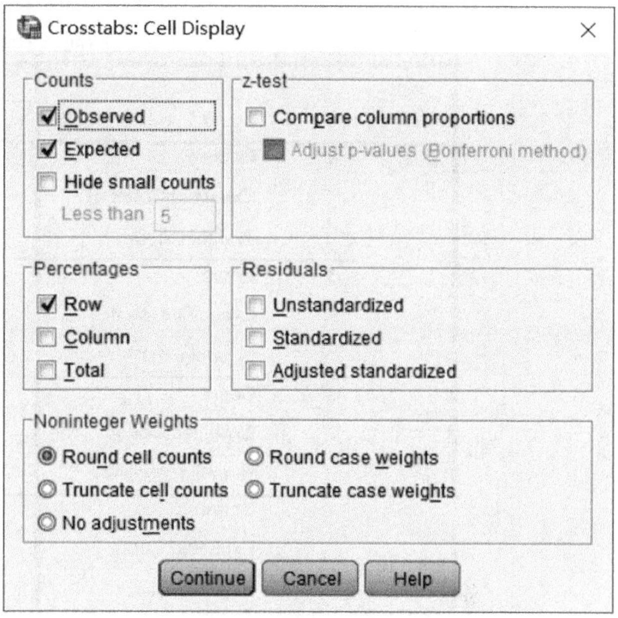

图 9-11　选择实际频数、理论频数和行百分比

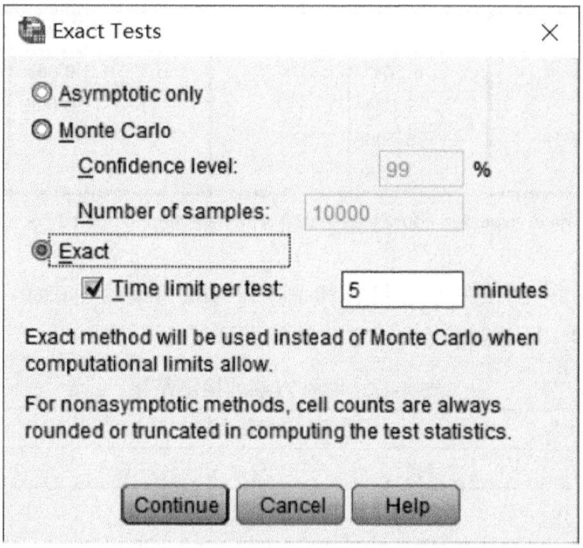

图 9-12　选择 Fisher 确切概率法

（2）结果及主要解读。

χ^2 检验结果：表 9-10 中 1 个格子的理论频数为 4.3（<5），表明可用 χ^2 检验。从表 9-11 可得 Pearson Chi-Square=5.504，P=0.058，差别无统计学意义。尚不能认为三组病人吻合口漏的发生率不同。

备注：当表 9-11 下方的备注 a 中有超过 20.0%期望频数<5 时，需要使用 Fisher 确切概率法，结果见表 9-11 中第三行 Fisher's Exact Test。

表 9-10　组别与结局的交叉表

组别 * 结局 Crosstabulation

			结局		Total
			发生	未发生	
组别	A	Count	0	57	57
		Expected Count	4.3	52.8	57.0
		% within 组别	0.0%	100.0%	100.0%
	B	Count	11	104	115
		Expected Count	8.6	106.4	115.0
		% within 组别	9.6%	90.4%	100.0%
	C	Count	23	261	284
		Expected Count	21.2	262.8	284.0
		% within 组别	8.1%	91.9%	100.0%
Total		Count	34	422	456
		Expected Count	34.0	422.0	456.0
		% within 组别	7.5%	92.5%	100.0%

表 9-11　χ^2 检验和 Fisher 确切概率法结果

Chi-Square Tests

	Value	df	Asymp. Sig.(2-sided)	Exact Sig.（2-sided）
Pearson Chi-Square	5.504[a]	2	0.064	0.058
Likelihood Ratio	9.684	2	0.008	0.013
Fisher's Exact Test	6.796			0.029
N of Valid Cases	456			

a. 1 cells（16.7%）have expected count less than 5. The minimum expected count is 4.25

3. 分别采用免疫比浊法与国产半定量胶体金法对 108 例随机抽取的住院病人的血清铁蛋白含量进行测定，结果见表 9-12。试比较两种方法的阳性率是否不同？

表 9-12　两种方法的检测结果

免疫比浊法	国产半定量胶体金法		合计
	+	–	
+	45	32	77
–	28	3	31
合计	73	35	108

（1）SPSS 操作。按图 9-13 形式录入数据。

	免疫比浊法	国产半定量胶体金法	频数
1	+	+	45
2	+	-	32
3	-	+	28
4	-	-	3

图 9-13　数据录入

频数加权：依次点击“Data”→“Weight Cases”。在弹出的对话框中，点击“Weight cases by”，将“频数”选入“Frequency Variable”，点击“OK”。如图 9-14 所示。

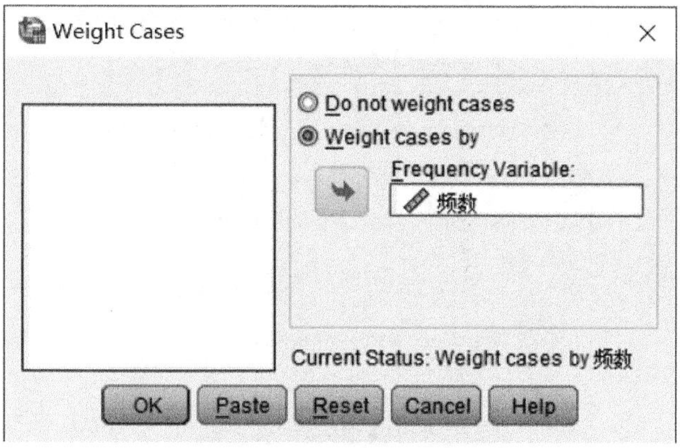

图 9-14 频数加权

配对 χ^2 检验：依次点击“Analyze”→“Descriptive Statistics”→“Crosstabs”。在弹出的对话框中将“免疫比浊法”选入“Row（s）”，“国产半定量胶体金法”选入“Column（s）”，见图 9-15。点击“Statistics”，勾选“McNemar”，点击“Continue”，见图 9-16。设置完成，其余保持默认，点击“OK”。

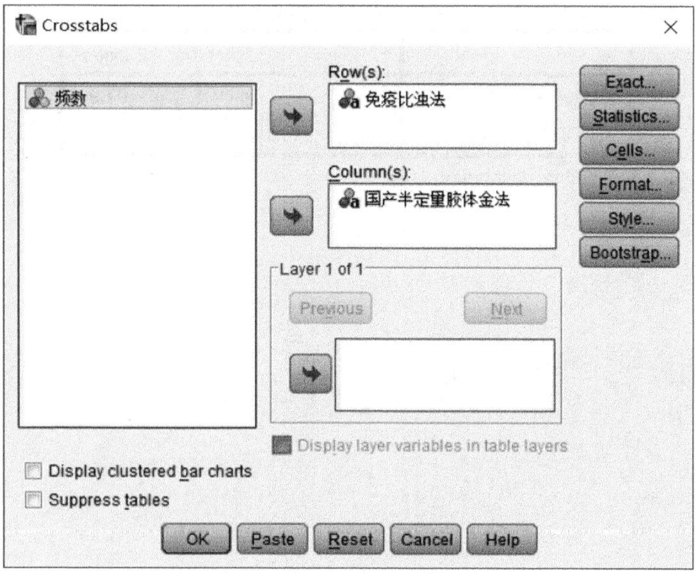

图 9-15 选择分析变量

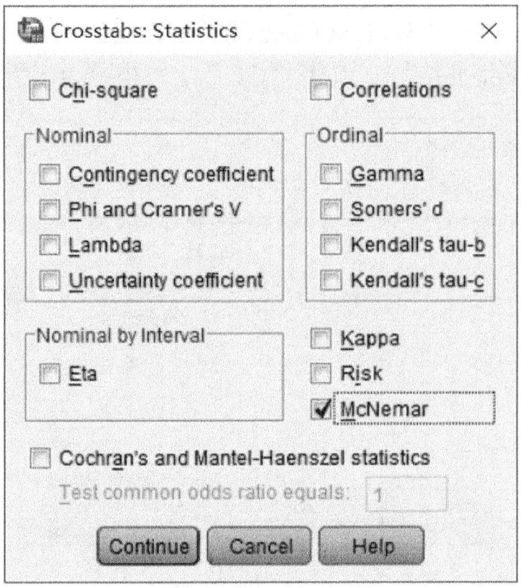

图 9-16　选择 McNemar 检验

（2）结果及主要解读。配对 χ^2 检验结果：表 9-13 为 McNemar 检验结果，P=0.699，差别无统计学意义，尚不能认为免疫比浊法与国产半定量胶体金法的阳性率不同。

表 9-13　配对 χ^2 检验结果

Chi-Square Tests

	Value	Exact Sig.（2-sided）
McNemar Test		0.699[a]
N of Valid Cases	108	

a. Binomial distribution used

（陈　强）

第十章　秩和检验

【学习目标】

（1）掌握基于秩次的非参数检验法的基本概念和适用范围。
（2）掌握配对设计资料的符号秩和检验。
（3）掌握两独立样本比较（成组设计资料）的秩和检验。
（4）掌握多个独立样本比较的秩和检验。
（5）了解多个相关样本比较（随机区组设计资料）的秩和检验。

【内容精要】

一、参数检验和非参数检验

假设检验通常可分为参数检验（parametric test）和非参数检验（non-parametric test）两大类。参数检验是指样本所依赖的总体为某个特定已知的总体分布形式，统计分析是对其未知的总体参数进行推断的假设检验方法。然而，当资料不满足参数检验的条件时（样本所来自的总体分布未知，或已知总体分布类型与参数检验所要求的条件不符），可采用非参数检验。非参数检验不以特定的总体分布为前提，也不对总体参数进行统计推断，而是对样本所代表的总体的分布或分布位置进行推断。由于非参数检验方法不受总体参数的限制，故又称为任意分布检验（distribution-free test）。

二、非参数检验的适用范围及不足

1. 非参数检验的适用范围　非参数检验主要优点是对总体分布不作严格假定，具有广泛适用性，通常用于以下情况：

（1）不满足参数假设检验条件或经变量变换仍无法满足参数假设检验条件的资料。
（2）总体分布为偏态分布或分布类型未知的资料（尤其是在 n<30 的情况下）。
（3）数据的一端或两端有不确定值（如“＞100g”“＜0.01g”等）的资料。
（4）等级资料（如疾病严重程度、优劣等级、次序先后）。

2. 非参数检验的不足　对于满足参数检验条件的资料如采用非参数检验，因没有充分利用资料提供的信息，不像参数检验能灵敏地拒绝 H_0，因此其犯第Ⅱ类错误的概率 β 比参数检验大，检验效能比参数检验低。故符合参数检验的资料，应首选参数检验。若参数检验的应用条件得不到满足，则采用非参数检验。

三、秩 和 检 验

非参数检验包括秩和检验、游程检验、等级相关分析等，其中秩和检验（rank sum test）

是一类常用的非参数检验方法，它是基于数据的秩次与秩次之和（对总体的分布位置）作出推断，又称秩转换的非参数检验。

基于秩次的非参数检验方法主要包括：配对设计资料的符号秩和检验（Wilcoxon 符号秩检验）、完全随机设计两独立样本比较的秩和检验（Wilcoxon 法）、完全随机设计多个独立样本比较的秩和检验（Kruskal-Wallis 法）、随机区组设计多个相关样本比较的秩和检验（Friedman M 法）等。

【习题】

一、选择题

1. 原本符合 t 检验条件的资料，如果采用秩和检验，以下说法正确的是（　　）。

A. 增大犯Ⅰ类错误的可能　　B. 增大犯Ⅱ类错误的可能
C. 同时增大犯Ⅰ类和Ⅱ类错误的可能　　D. 减少犯Ⅱ类错误的可能
E. 对结果没有影响

2. 以下检验方法中不属于非参数统计的方法是（　　）。

A. Friedman M 检验　　B. 符号秩和检验　　C. Wilcoxon T 检验
D. Kruskal-Wallis H 检验　　E. t 检验

3. 对多组计量资料进行比较，当各组资料分布严重偏态时，可考虑选择的统计方法是（　　）。

A. t 检验　　B. 方差分析　　C. $R\times C$ 表资料 χ^2 检验
D. Kruskal-Wallis H 检验　　E. Wilcoxon T 检验

4. 对两独立样本进行秩和检验，第一组有 3 个最小值 0.3，第二组有 2 个最小值 0.3，则编秩时 0.3 对应的秩次是（　　）。

A. 0.3　　B. 3.0　　C. 0.5　　D. 5.0　　E. 0.1

5. 与 t 检验相比，两组资料的秩和检验的最大优点是（　　）。

A. 抽样误差更小　　B. 检验效能更高　　C. 统计量计算更简便
D. P 值计算更简便　　E. 不限制资料的总体分布

6. 对某药物疗效的观察而进行临床试验，疗效结果分为“治愈”“有效”“好转”“无效”四个等级，若要比较药物组和对照组疗效，宜采用的统计假设检验方法为（　　）。

A. 2×4 的 $R\times C$ 表资料 χ^2 检验　　B. 四个四格表的 χ^2 检验　　C. 方差分析
D. Wilcoxon 秩和检验　　E. t 检验

7. 两样本资料比较的秩和检验，原假设 H_0 为（　　）。

A. 两个样本的秩和相同　　B. 两个总体的秩和相同　　C. 两个样本分布相同
D. 两个总体分布相同　　E. 两样本中位数相同

8. 配对比较的秩和检验，其原假设 H_0 为（　　）。

A. 样本差值来自于均数为 0 的正态总体　　B. 样本差值来自于均数为 0 的非正态总体
C. 样本差值来自于方差齐性的正态总体　　D. 样本差值来自于中位数为 0 的正态总体
E. 样本差值来自于中位数为 0 的总体

9. 以下对非参数统计描述错误的是（　　）。

A. 非参数检验方法不依赖总体分布类型
B. 秩和检验是一种基于秩次的非参数检验
C. 对于满足参数检验条件的资料如采用非参数检验，其检验效能低于参数统计方法

D. 对于满足参数检验条件的资料如采用非参数检验，其犯Ⅱ类错误的概率小于参数检验

E. 数据的一端或两端有不确定值时，应采用非参数检验

10. 在进行配对设计的符号秩和检验时，如果相同秩次过多（超过总个数的25%），但未计算校正后的z_c值，而计算z值，则会（　　）。

A. 增加犯Ⅰ类错误的可能　B. 减少犯Ⅰ类错误的可能　C. 增加犯Ⅱ类错误的可能

D. 减少犯Ⅱ类错误的可能　E. 犯Ⅰ类、Ⅱ类错误的可能性不变

二、判断题（请在以下题干后面的括号内标记T或F，正确者标记T，错误者标记F）

1. 非参数检验对样本所代表的总体的分布或分布位置进行推断。（　　）

2. 非参数法的检验效能较参数法更高。（　　）

3. 数据的一端有不确定值，如出现测量值$x>100$时，则可近似取$x=100$后进行参数法假设检验。（　　）

4. 对于效应指标为等级的资料，完全随机设计多组间效应水平的比较可采用$R\times C$表资料χ^2检验。（　　）

5. 对同一资料，参数法与非参数法的假设检验原则上等价。（　　）

三、简答题及应用题

1. 某医院采用新药治疗10名高血压病人，测量其治疗前后血压值（mmHg）记录如表10-1。

表10-1　10名高血压病人治疗前后血压测量值　（单位：mmHg）

编号	1	2	3	4	5	6	7	8	9	10
治疗前	176	166	145	182	161	144	152	146	169	150
治疗后	119	128	135	144	129	118	140	143	124	118

请问：

（1）这是何种类型资料？研究采用了何种实验设计方案？

（2）试对治疗前后病人血压差别有无统计学意义而进行假设检验。

2. 在测试新化疗药物对大鼠的肝损伤实验中，将14只大鼠随机分为实验组和对照组。实验组采用新化疗药物，对照组使用生理盐水，2周后测量大鼠总胆红素（μmol/L）增量，结果如表10-2。

表10-2　两组大鼠总胆红素增量　（单位：μmol/L）

编号	1	2	3	4	5	6	7	8
实验组	3.1	2.7	2.5	1.8	2.1	2.2	2.5	1.8
对照组	0.2	0.8	2.2	1.0	0.2	1.1		

请问：

（1）这是何种类型资料？研究采用了何种实验设计方案？

（2）新化疗药物对大鼠总胆红素有无影响？

3. 以常规疗法为对照组，评价高压氧疗法对癫痫病人的疗效，结果如表10-3所示。试分析高压氧疗法对癫痫病人的疗效是否比常规疗法更好？

表10-3　常规疗法与高压氧疗法治疗癫痫病人的疗效

组别	例数	疗效			
		恢复	好转	不变	变差
高压氧组	44	11	18	16	5
常规治疗组	24	5	10	3	0
合计	68	16	28	19	5

4. 在一项比较 A、B、C 三种药物对糖尿病病人降血糖效果的临床试验中，某分中心按试验方案入组了 90 名受试对象（随机纳入到 A、B、C 三组，每组各 30 名受试对象），治疗 8 周后 A 组失访 1 例，测得了 89 例受试者的糖化血红蛋白（HbA1c）的下降值，结果见表 10-4。欲推断三种药物对糖尿病病人降血糖效果是否不同，请拟定统计假设检验方案。

表 10-4　三种药物治疗后病人糖化血红蛋白（HbA1c）下降值　（单位：%）

药物	例数	均数 $\bar{x}$	标准差 S
A	29	1.46	1.36
B	30	1.13	0.70
C	30	1.07	0.31

四、案例

1. 某研究者为比较某厂铅作业男性工人与该厂非铅作业的其他男性工人的血铅水平有无差异，分别测量了 7 名铅作业男工和 10 名其他男工的血铅值（μmol/L），结果见表 10-5。研究者拟采用两独立样本比较的 t 检验，你认为正确吗？

表 10-5　某厂铅作业男工与普通男工血铅值　（单位：μmol/L）

铅作业男工	1.65	0.97	0.81	2.07	1.23	2.15	0.87			
其他男工	1.02	0.28	0.70	0.55	0.46	0.33	0.62	0.25	0.86	0.24

2. 某医院儿科采用 A、B 两种药物治疗小儿急性毛细支气管炎。18 名患儿被随机分为两组，分别接受 A 药和 B 药治疗。用药一段时间后，测得患儿血清免疫球蛋白 IgG 增量（mg/dl），如表 10-6 所示。某研究员欲采用 t 检验比较用药前后 IgG 有无差异，你同意他的做法吗？

表 10-6　两种药物治疗患儿血清免疫球蛋白增量　（单位：mg/dl）

药物	1	2	3	4	5	6	7	8	9
A	506.44	$<$100	594.69	645.36	421.36	392.32	480.01	291.01	210.39
B	678.44	393.36	511.66	516.70	304.55	347.30	479.59	591.46	660.34

五、SPSS 操作与结果解读

1. 某市环保局对每一测定点用甲、乙两种方法测定大气中 SO_2 平均浓度（μg/m^3），问两种测定结果是否不同？

表 10-7　10 个测定点用甲、乙两种方法测定 SO_2 结果　（单位：μg/m^3）

测定点	1	2	3	4	5	6	7	8	9	10
甲法	205	35	320	30	232	35	35	300	45	309
乙法	225	45	335	37	250	30	29	317	53	325

（1）SPSS 操作。按图 10-1 形式录入数据。

	甲法	乙法
1	210	205
2	40	35
3	320	335
4	30	37
5	232	250
6	35	30
7	35	29
8	300	317
9	45	53
10	309	325

图 10-1 数据录入

计算差值（乙法 – 甲法）和正态性检验：详见第七章配对 t 检验的 SPSS 操作步骤。

配对秩和检验：依此点击“Analyze”→“Noparametric Tests”→“Legacy Dialogs”→“Two-Related-Samples Tests”。在弹出的对话框中将“甲法”和“乙法”分别放入“Test Pairs”框中的“Variable1”和“Variable 2”中，见图 10-2。点击“Options”，勾选“Quartiles”，点击“Continue”，见图 10-3。

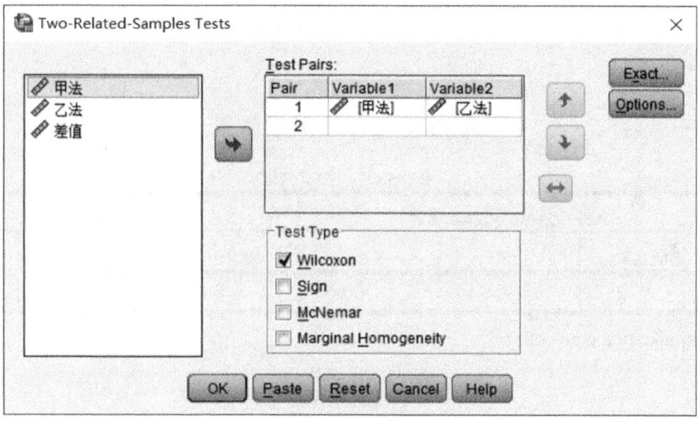

图 10-2 参数选择

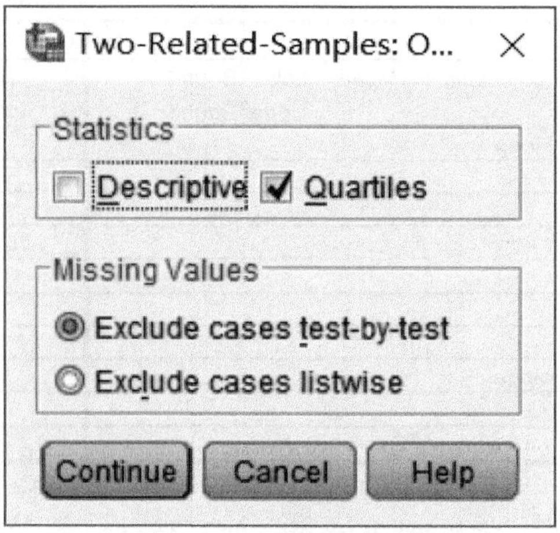

图 10-3 选择描述性结果

精确法：由于样本量较小，故需使用精确法求得 P 值。点击“Exact”，选择“Exact”，点击“Continue”，见图 10-4。设置完成，其余保持默认，点击“OK”。

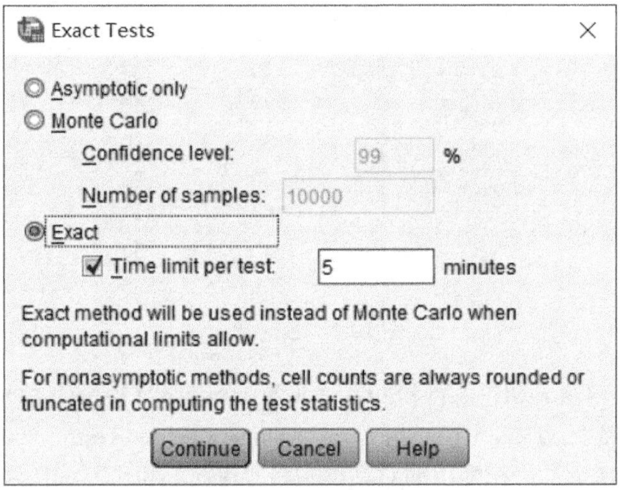

图 10-4 选择精确法

（2）结果及主要结果解读。正态性检验结果：表 10-8 中 Shapiro-Wilk 方法的检验结果显示，P 均小于 0.10，可认为甲、乙两种方法测定大气中 SO_2 平均浓度的差值不服从正态分布，故可采用配对秩和检验（表 10-9～表 10-12）。

表 10-8 正态性检验结果

Tests of Normality

	Kolmogorov-Smirnov[a]			Shapiro-Wilk		
	Statistic	df	Sig.	Statistic	df	Sig.
差值	.257	10	0.060	0.819	10	0.024

a. Lilliefors Significance Correction

表 10-9 差值描述性结果

Descriptives

			Statistic	Std. Error
差值	Mean		6.0000	3.26258
	95% Confidence Interval for Mean	Lower Bound	–1.3805	
		Upper Bound	13.3805	
	5% Trimmed Mean		6.0000	
	Median		7.5000	
	Variance		106.444	
	Std. Deviation		10.31719	
	Minimum		–6.00	
	Maximum		18.00	
	Range		24.00	
	Interquartile Range		21.25	
	Skewness		–0.117	0.687
	Kurtosis		–2.093	1.334

注：95% Confidence Interval of Mean：均值的 95%置信区间；5% Trimmed Mean：5%截尾均值；Median 为中位数；Variance 为方差；Std. Deviation 为标准差；Minimum 为最小值；Maximum 为最大值；Range 为极差；Interquartile Range 为四分位间距；Skewness 为偏度；Kurtosis 为峰度

表 10-10 描述性结果

Descriptive Statistics

	N	Percentiles		
		25th	50th（Median）	75th
甲法	10	35.00	127.50	302.25
乙法	10	33.75	129.00	319.00

表 10-11 秩次

Ranks

		N	Mean Rank	Sum of Ranks
乙法–甲法	Negative Ranks	4[a]	2.50	10.00
	Positive Ranks	6[b]	7.50	45.00
	Ties	0[c]		
	Total	10		

a. 乙法 ＜ 甲法
b. 乙法 ＞ 甲法
c. 乙法 = 甲法

表 10-12 Wilcoxon 秩和检验结果

Test Statistics[a]

	乙法–甲法
Z	–1.788[b]
Asymp. Sig.（2-tailed）	0.074
Exact Sig.（2-tailed）	0.082
Exact Sig.（1-tailed）	0.041
Point Probability	0.009

a. Wilcoxon Signed Ranks Test
b. Based on negative ranks

秩次结果：详见表 10-11。

配对秩和检验结果：从表 10-9 中可得乙法–甲法的差值中位数为 7.5μg/m^3。表 10-12 可知，配对秩和检验 Z 值为–1.788，双侧精确 P 值为 0.082，按照 α=0.05 检验水准，差别无统计学意义，尚不能认为甲、乙两种方法测定大气中 SO_2 平均浓度不同。

2. 某实验室将 20 只健康大鼠随机分成两组，均抽血制造成休克模型，然后分别给予输液处理，以存活时间（小时）作为观察指标，如表 10-13，问两组处理法对大鼠生存天数有无不同的影响？

表 10-13 两组处理法大鼠的存活时间 （单位：小时）

组别	存活时间									
小量输液组	6	14.5	2.7	36	1.5	7.5	3.6	1.8	9.8	8
大量输液组	72	72	24.8	72	54.8	72	72	6.4	7.2	72

（1）SPSS 操作。按图 10-5 形式录入数据，组别变量中“1”为小量输液组，“2”为大量输液组。

	组别	存活时间
5	1	1.5
6	1	7.5
7	1	3.6
8	1	1.8
9	1	9.8
10	1	8.0
11	2	72.0
12	2	72.0
13	2	24.8
14	2	72.0

图 10-5 数据录入（部分）

正态性检验：详见第七章两独立样本 t 检验的 SPSS 操作步骤。

两样本的秩和检验：依此点击“Analyze”→“Noparametric Tests”→“Legacy Dialogs”→Two-Independet-Samples Test。在弹出的对话框中，将“存活时间”选入“Test Variable List”中，将“组别”选入“Grouping Variable”中，如图 10-6。点击“Define Groups”，“Group1”填写“1”，“Group2”填写“2”，单击“Continue”，如图 10-7。点击“Options”，勾选“Quartiles”，点击“Continue”，见图 10-8。

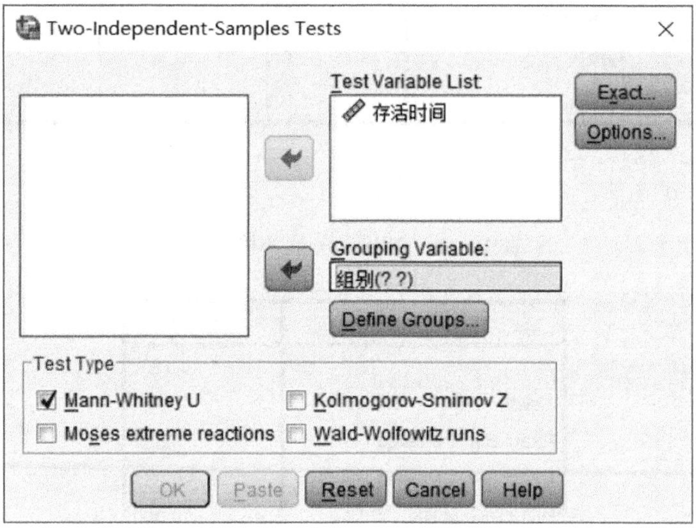

图 10-6 参数设置

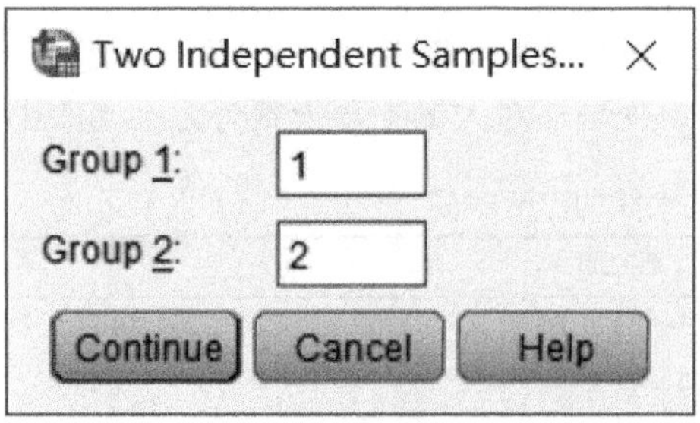

图 10-7 因子水平设置

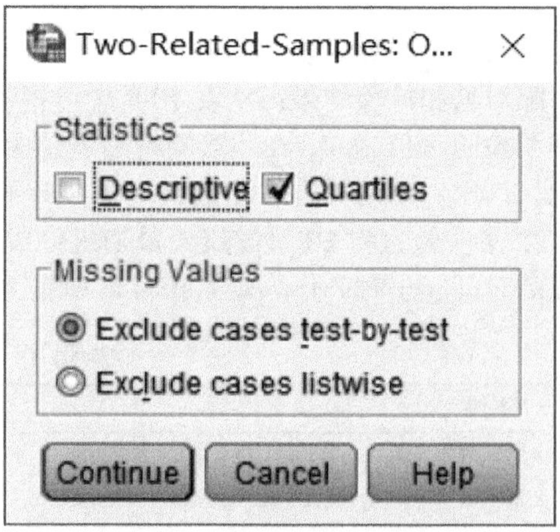

图 10-8 选择描述性结果

精确法：由于样本量较小，故需使用精确法求得 P 值。点击“Exact”，选择“Exact”，点击“Continue”，见图 10-9。设置完成，其余保持默认，点击“OK”。

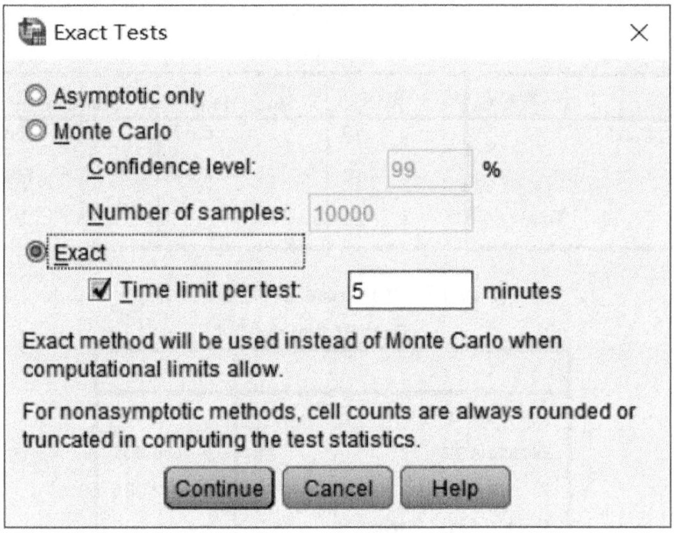

图 10-9　选择精确法

（2）结果及主要结果解读。

正态性检验结果：表 10-14 中 Shapiro-Wilk 方法的检验结果显示，两组的 P 均小于 0.10，可认为两组大鼠的存活时间均不服从正态分布，故可采用两样本的秩和检验（表 10-15～表 10-17）。

表 10-14　正态性检验结果

Tests of Normality

	组别	Kolmogorov-Smirnov[a]			Shapiro-Wilk		
		Statistic	df	Sig.	Statistic	df	Sig.
存活时间	1	0.274	10	0.032	0.718	10	0.001
	2	0.354	10	0.001	0.701	10	0.001

a. Lilliefors Significance Correction

表 10-15　描述性结果（部分）

Descriptives

	组别			Statistic	Std. Error
存活时间	1	Mean		9.140	3.2470
		95% Confidence Interval for Mean	Lower Bound	1.795	
			Upper Bound	16.485	
		5% Trimmed Mean		8.072	
		Median		6.750	
		Variance		105.432	
		Std. Deviation		10.2680	
	2	Mean		52.520	8.9637
		95% Confidence Interval for Mean	Lower Bound	32.243	
			Upper Bound	72.797	
		5% Trimmed Mean		54.000	
		Median		72.000	
		Variance		803.486	
		Std. Deviation		28.3458	

表 10-16 秩次

Ranks

	组别	*N*	Mean Rank	Sum of Ranks
存活时间	1	10	6.60	66.00
	2	10	14.40	144.00
	Total	20		

表 10-17 Wilcoxon 秩和检验结果

Test Statistics[a]

	存活时间
Mann-Whitney U	11.000
Wilcoxon W	66.000
Z	–2.988
Asymp. Sig.（2-tailed）	0.003
Exact Sig. [2*（1-tailed Sig.）]	0.002[b]

a. Grouping Variable：组别
b. Not corrected for ties

秩次结果：详见表 10-16。

配对秩和检验结果：由表 10-17 可知，秩和检验 *Z* 值为–2.988，双侧精确 *P* 值为 0.002，差别有统计学意义，按照 α=0.05 检验水准，可以认为小量输液组与大量输液组的大鼠存活时间不同，大量输液组的大鼠存活时间中位数为 72 小时，明显大于小量输液组的 6.75 小时。

3. 对正常、单纯性肥胖及皮质醇增多症三组人的血浆皮质醇含量进行测定，其结果见表 10-18，问三种不同人群的血浆皮质醇含量是否不同？如不同，请作两两比较。

表 10-18 三组人的血浆皮质醇测定值 （单位：nmol/L）

正常人	单纯性肥胖	皮质醇增多症
0.4	0.6	9.8
1.9	1.2	10.2
2.2	2.0	10.6
2.5	2.4	13.0
2.8	3.1	14.0
3.1	4.1	10.8
3.7	8.0	15.6
3.9	5.9	18.6
4.6	7.4	21.6
7.0	13.6	24.6

（1）SPSS 操作：按图 10-10 形式录入数据，组别变量中“1”为小量输液组，“2”为大量输液组。

方差齐性检验和正态性检验：详见第八章方差分析的 SPSS 操作步骤。

多个样本的秩和检验：依次点击“Analyze”→“Noparametric Tests”→“Independent Samples”。在弹出的对话框中，在“Objective”中选择“Customize analysis”，见图 10-11。点击“Fields”，将“血浆皮质醇测定值”放入“Test Fields”框中，将“组别”放入“Groups”中，见图 10-12。点击“Settings”，勾选“Kruskal-Wallis 1-way ANOVA（*k* samples）”，见图 10-13。设置完成，其余保持默认，点击“Run”按钮。

（2）结果及主要结果解读。

	组别	血浆皮质醇测定值
4	1	2.5
5	1	2.8
6	1	3.1
7	1	3.7
8	1	3.9
9	1	4.6
10	1	7.0
11	2	.6
12	2	1.2
13	2	2.0
14	2	2.4
15	2	3.1
16	2	4.1
26	3	14.8
27	3	15.6
28	3	15.6
29	3	21.6
30	3	24.6

图 10-10 数据录入（部分）

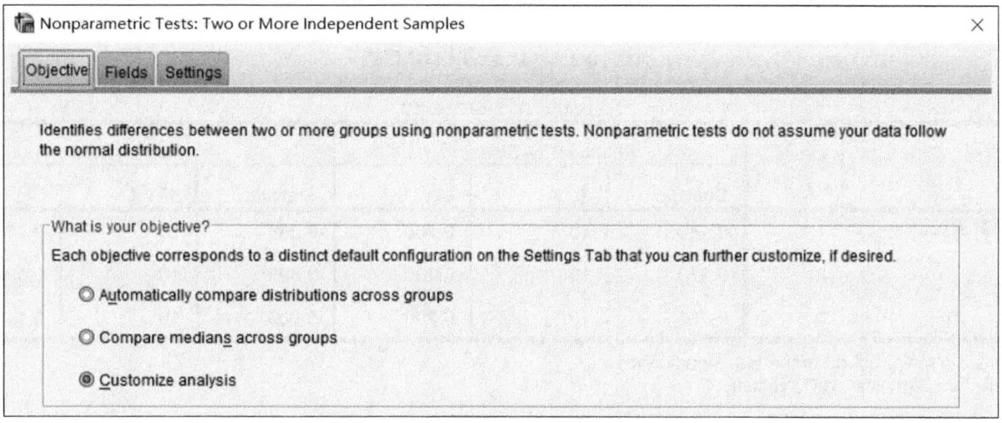

图 10-11 选择自定义分析

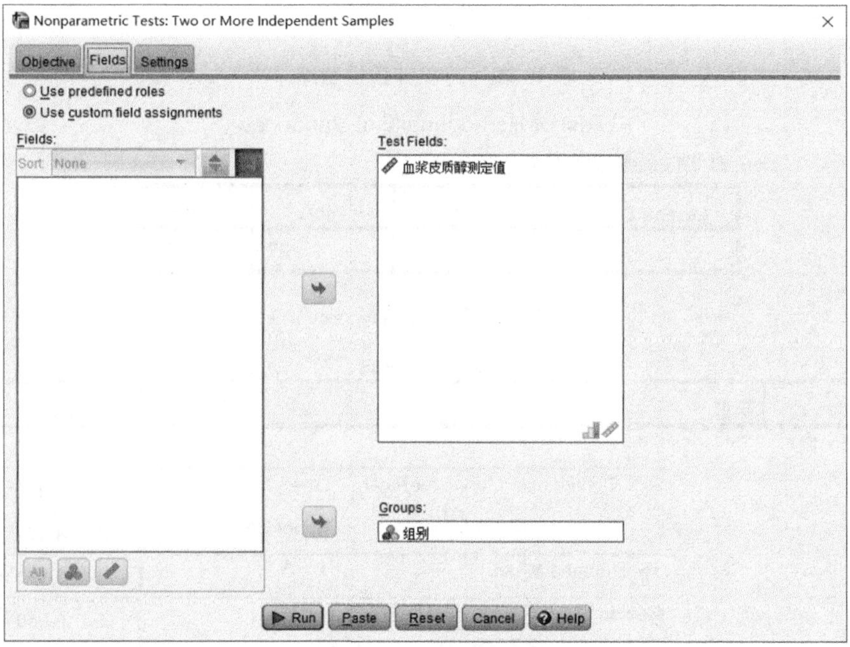

图 10-12 选择变量

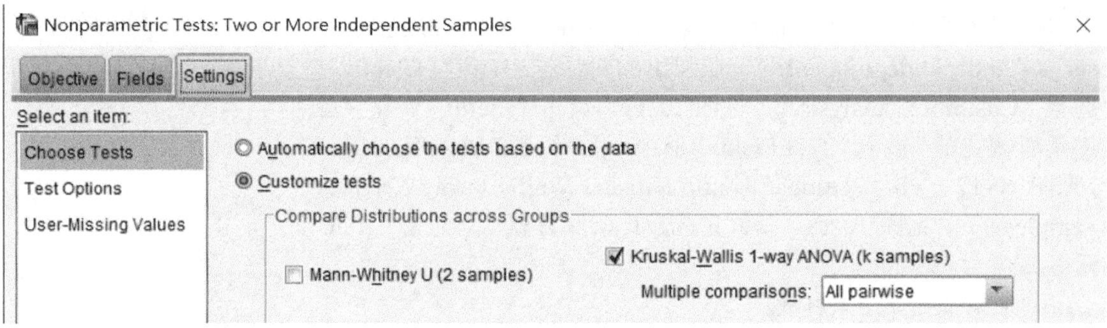

图 10-13 选择检验方法

正态性检验结果：表 10-19 中 Shapiro-Wilk 方法的检验结果显示，三组的 P 均大于 0.10，可认为三种不同人群的血浆皮质醇含量均服从正态分布（表 10-20）。

表 10-19 正态性检验结果

Tests of Normality

	组别	Kolmogorov-Smirnov[a]			Shapiro-Wilk		
		Statistic	df	Sig.	Statistic	df	Sig.
血浆皮质醇测定值	1	0.149	10	0.200*	0.954	10	0.715
	2	0.173	10	0.200*	0.895	10	0.194
	3	0.185	10	0.200*	0.883	10	0.141

*. This is a lower bound of the true significance
a. Lilliefors Significance Correction

方差齐性检验结果：从表 10-20 可得方差齐性检验的 P 值为 0.018，认为三组间方差不齐，故可采用多个样本的秩和检验（表 10-21～表 10-22）。

表 10-20 方差齐性检验结果

Test of Homogeneity of Variances

血浆皮质醇测定值

Levene Statistic	df1	df2	Sig.
4.670	2	27	0.018

表 10-21 描述性结果（部分）

Descriptives

	组别			Statistic	Std. Error
血浆皮质醇测定值	1	Mean		3.210	0.5610
		95% Confidence Interval for Mean	Lower Bound	1.941	
			Upper Bound	4.479	
		5% Trimmed Mean		3.156	
		Median		2.950	
		Variance		3.148	
		Std. Deviation		1.7742	

续表

	组别			Statistic	Std. Error
	2	Mean		4.830	1.2615
		95% Confidence Interval for Mean	Lower Bound	1.976	
			Upper Bound	7.684	
		5% Trimmed Mean		4.578	
		Median		3.600	
		Variance		15.913	
		Std. Deviation		3.9892	
	3	Mean		14.880	1.6363
		95% Confidence Interval for Mean	Lower Bound	11.178	
			Upper Bound	18.582	
		5% Trimmed Mean		14.622	
		Median		13.500	
		Variance		26.775	
		Std. Deviation		5.1745	

表 10-22 Kruskal-Wallis 检验结果

Hypothesis Test Summary

	Null Hypothesis	Test	Sig.	Decision
1	The distribution of 血浆皮质醇测定值 is the same across categories of 组别	Independent.Samples Kruskal-Wallis Test	0.000	Reject the null hypothesis

Asymptotic significances are displayed. The significance level is 0.05

Kruskal-Wallis 检验结果：表 10-22 可知，秩 Kruskal-Wallis 检验的 $P<0.001$，差别有统计学意义，按照 $\alpha=0.05$ 检验水准，可以认为三种不同人群的血浆皮质醇含量不同。

进一步进行两两比较：双击表 10-22，在“View”选项中选择“Pairwise Comparisons”，SPSS 中秩和检验的两两比较使用 Dunn-Bonferroni 法。结果见表 10-23。

表 10-23 分组的成对比较

Each node shows the sample average rank of 组别

Sample 1-Sample2	Test Statistic	Std.Error	Std. Test Statistic	Sig.	Adj.Sig.
1.000-2.000	–2.400	3.937	0.610	0.542	1.000
1.000-3.000	–15.450	3.937	–3.925	0.000	0.000
2.000-3.000	–13.050	3.937	–3.315	0.001	0.003

Each row tests the null hypothesis that the Sample 1 and Sample 2 distributions are the same
Asymptotic significances（2-sided tests）are displayed. The significance level is 0.05

两两比较结果：皮质醇增多症“3”的血浆皮质醇测定值中位数为 13.500 nmol/L，高于正常人“1”的 2.950 nmol/L（校正 $P<0.001$）和单纯性肥胖“2”的 3.600 nmol/L（校正 $P=0.003$），正常人“1”与单纯性肥胖“2”的血浆皮质醇测定值的差别无统计学意义（校正 $P=1.000$）。

（雷 迅）

第十一章　直线相关与直线回归分析

【学习目标】

（1）掌握线性相关系数与线性回归系数的含义，以及两者的区别与联系。
（2）掌握最小二乘原理。
（3）熟悉线性相关与线性回归分析的前提条件。
（4）熟悉秩相关系数。
（5）了解总体回归系数β的置信区间估计。

【内容精要】

一、线性相关分析

1. 线性相关系数　线性相关系数（linear correlation）为描述呈线性关系的两个变量x与y的相互关系密切程度及方向性的统计量，又称积差相关系数。总体线性相关系数通常用ρ表示，样本线性相关系数则用r表示。$r=\frac{l_{xy}}{\sqrt{l_{xx}l_{yy}}}$，其值域为[−1，1]，无单位。

2. 线性相关系数的假设检验

（1）目的：在于推断总体线性相关系数是否为0。

（2）方法：查r界值表或采用t检验，$t=\frac{r-\rho}{s_r}=\frac{r-0}{\sqrt{(1-r^2)/(n-2)}}$。

3. 线性相关分析应注意的问题

（1）绘制散点图。绘制散点图的重要性有三点：一是可以帮助判断两变量的数量协同变化关系是否呈线性关系，以防将某些曲线关系误判为线性关系；二是可以帮助判断两变量是否存在伪相关现象，以防将在不同范围取值的资料随意合并；三是可以发现是否存在异常值情况。

（2）当两变量不满足双正态前提时，应考虑采用秩相关分析。

（3）切勿将两个专业上无关的变量强行作相关分析。

（4）两变量存在直线相关具有一定的线性范围，其线性范围原则上为两变量大样本取值的相应范围。

二、线性回归分析

线性回归（linear regression）分析随机变量x与y之间的数量依存关系。因变量y应满足正态分布前提。

1. 线性回归方程　线性回归方程 $\hat{y}=a+bx$，其中 a 为总体截距 α 的估计值，b 为总体回归系数 β 的估计值，表示当 x 变化 1 个测量单位时，y 平均改变的数量大小。

线性回归方程旨在反映因变量 y 响应自变量 x 变化的规律，从而达到描述、预测和控制的目的。

2. 最小二乘原理　直线回归分析参数估计的原理为最小二乘法原理。

最小二乘原理是指在自变量 x 的取值范围内，对应同一 x 的因变量 y 与线性回归方程估计 $\hat{y}$ 的差值平方和达到最小，即残差 $\sum(y-\hat{y})^2$ 达到最小，同时也反映出各个实测点到线性回归直线的纵向距离平方和最小。

3. 线性回归系数的假设检验

（1）目的：在于推断总体线性回归系数是否为 0。

（2）方法：方差分析、t 检验。

第一，方差分析

$$F=\frac{\mathrm{SS}_{回归}/\nu_{回归}}{\mathrm{SS}_{残差}/\nu_{残差}}=\frac{\mathrm{MS}_{回归}}{\mathrm{MS}_{残差}},\quad \nu_{回归}=1,\quad \nu_{残差}=n-2$$

其中，$\mathrm{SS}_{总}=\sum(y-\overline{y})^2$，$\mathrm{SS}_{回归}=\sum(\hat{y}-\overline{y})^2$，$\mathrm{SS}_{总}=\mathrm{SS}_{回归}+\mathrm{SS}_{残差}$，$\nu_{总}=\nu_{回归}+\nu_{残差}$

第二，t 检验

$$t_b=\frac{b-0}{S_b}$$

其中，$S_b=\dfrac{S_{yx}}{\sqrt{\sum(x-\overline{x})^2}}$，$S_{yx}=\sqrt{\dfrac{\sum(y-\hat{y})^2}{n-2}}=\sqrt{\dfrac{\mathrm{SS}_{残差}}{n-2}}$

4. 线性回归方程的拟合效果评价　以决定系数 $R^2=\dfrac{\mathrm{SS}_{回归}}{\mathrm{SS}_{总}}=r^2$ 评价线性回归方程的拟合效果，R^2 表示回归平方和在总平方和中所占的比例，反映自变量 x 对因变量 y 的影响程度，取值[0，1]。显然，若线性相关的密切程度越高，则决定系数越大，x 对 y 的影响越大。

5. 线性回归分析应注意的问题

（1）绘制散点，用以判断两变量是否呈线性关系，以防将某些曲线关系误判为线性关系。

（2）线性回归方程的应用，通常仅局限于自变量 x 的取值范围，不能任意外延。

（3）同样切勿将两个专业上无关的变量强行进行回归分析。

三、线性回归与线性相关的比较

1. 二者的联系

（1）系数的方向一致性，即 b 与 r 的正负符号一致。

（2）系数假设检验的等价性，即 $t_b=t_r$。

（3）利用决定系数，相关与回归可以相互解释。

2. 二者的区别（表 11-1）

表 11-1　线性回归与线性相关的区别

	线性回归	线性相关
前提条件	y 或 $y-\hat{y}$ 呈正态分布	双正态变量
变量关系	依存关系，两变量地位不同	相互关系，两变量地位相同

续表

	线性回归	线性相关
分析目的	y 随 x 变化的数量关系	相互关联的密切程度
主要统计量	$b=\frac{l_{xy}}{l_{xx}}$	$r=\frac{l_{xy}}{\sqrt{l_{xx}l_{yy}}}$

【习题】

一、选择题

1. 线性回归模型的适用条件包括（　　）。

A. 线性　B. 独立　C. 正态　D. 等方差　E. 以上全部

2. 直线相关与回归分析中，下列叙述不正确的是（　　）。

A. r 范围为-1～1　B. r 无单位　C. b 无单位

D. 回归描述数量依存关系，相关描述其互依关系　E. 对于同一样本，b 与 r 的正负号一致

3. 直线回归系数的假设检验中，与 t_b 统计量对应的自由度为（　　）。

A. $n-1$　B. $n-2$　C. n　D. $n+1$　E. $2n-2$

4. 在简单线性回归分析中，得到回归系数为-0.40，经检验有统计学意义，说明（　　）。

A. X 对 Y 的影响占 Y 变异的 40%　B. X 增加一个单位，Y 平均减少 40%

C. X 增加一个单位，Y 平均减少 0.40 个单位　D. Y 增加一个单位，X 平均减少 40%

E. Y 增加一个单位，X 平均减少 0.40 个单位

5. 直线回归分析中，对回归系数作假设检验，其目的是（　　）。

A. 检验回归系数 b 是否等于 0　B. 判断回归方程代表实测值的好坏

C. 推断两变量间是否存在直线依存关系　D. 确定回归方程的似合优度

E. 检验两总体回归系数是否相等

6. 从样本得到变量 X 与 Y 的相关系数 $r=0.95$，则（　　）。

A. 表明总体相关系数 $\rho=0.95$

B. 表明总体相关系数 $\rho\neq0.95$

C. 若对此份资料作回归分析，其回归系数是正值

D. 若对此份资料作回归分析，其回归系数是负值

E. X 与 Y 之间一定存在因果关系

7. 用最小二乘法确定直线回归方程的原则是各观察点（　　）。

A. 距直线的纵向距离相等　B. 与直线的垂直距离相等

C. 距直线的纵向距离的平方和最小　D. 距直线的垂直距离的平方和最小

E. 距直线的横向距离的平方和最小

8. 如果直线相关系数 $r=1$，则一定有（　　）。

A. $MS_{总}=MS_{残}$　B. $MS_{残}=MS_{回}$　C. $SS_{总}=SS_{回}$

D. $SS_{总}>SS_{回}$　E. $SS_{总}<SS_{回}$

9. 进行 Pearson 相关分析时，要求（　　）。

A. X 服从对称分布　B. Y 服从对称分布　C. X 服从正态分布

D. Y 服从正态分布　E.（X，Y）服从正态分布

10. 同一双变量正态分布资料，进行直线相关与回归分析，有（　　）。

A. $r<0$ 时，$b>0$　　B. $r<0$ 时，$b<0$　　C. $r>0$ 时，$b<0$

D. r 和 b 的符号毫无关系　　E. $r=b$

11. 在直线相关分析中，$|r|$值越大，则（　　）。

A. 两变量线性相关性程度越弱　　B. 两变量线性相关性程度越强　　C. 直线对 X 轴越平坦

D. 直线越陡　　E. 直线在 Y 轴上的截距越大

12. 以下关于直线回归方程 $\hat{Y}=a+bX$ 的描述中，不正确的是（　　）。

A. b=0 表示直线通过原点

B. $a>0$ 表示直线与纵轴的交点在原点上方

C. $a<0$ 表示直线与纵轴的交点在原点下方

D. $b<0$ 表示直线从左上方走向右下方

E. 决定样本回归线的两个统计量是 a 和 b

二、判断题（请在以下题干后面的括号内标记 T 或 F，正确者标记 T，错误者标记 F）

1. 20 名正常中年女性体重指数与收缩压（kPa）的 Pearson 相关系数为 0.90 kPa。（　　）

2. 线性相关系数的值域范围为（$-\infty$，$+\infty$）。（　　）

3. 对同一正态双变量资料，相关系数一定等于回归系数。（　　）

4. 最小二乘法要求因变量的实测值 y 与直线回归方程的估计值 $\hat{y}$ 之差的平方和达到最小，即 $\sum(y-\hat{y})^2$ 达到最小。（　　）

5. 线性回归分析中，样本回归系数 $b\neq0$，说明因变量 y 与自变量 x 间有线性回归关系。（　　）

三、简答题及应用题

1. 某研究者随机抽取某高校 10 名二年级女研究生，测量腰围（cm）与肺活量（L），数据如表 11-2。

表 11-2　10 名二年级女研究生的腰围与肺活量测量结果

人员编号	1	2	3	4	5	6	7	8	9	10
腰围 X（cm）	75.5	78.3	83.3	86.1	72.1	81.7	78.3	74.8	73.7	71.4
肺活量 Y（L）	2.91	3.11	2.91	3.58	2.83	3.86	3.26	3.01	2.98	2.68

（1）请进行直线回归分析。

（2）请计算线性相关系数，并对其进行假设检验。

2. 某疾病预防控制中心的两名医师对 12 名肺炎病人肺部 X 线片各自做出诊断，诊断结果如表 11-3，问两评定结果间是否存在相关关系？

表 11-3　两名放射科医师肺部 X 线片的评定结果

医师 \ 病人编号	1	2	3	4	5	6	7	8	9	10	11	12
A 医师	+++	−	++	+	−	+	++	+++	++	+	++	−
B 医师	+++	+	++	++	−	++	+++	++	+++	+	++	+

3. 为什么对依据样本数据所建立的线性回归方程需进行统计假设检验？请阐述其中的方差分析法的基本思想。

四、案例

1. 对某省 8 个市的饮水氟含量及中老年人群的骨关节炎患病情况作了调查，数据如表 11-4。初步发现不同市的骨关节炎的患病率高低与本地区饮水的氟含量有关，于是，把氟含量作为变量 x，骨关节炎患病率作为因变量 y，计算出 Pearson 相关系数，得 r=0.805，经检验 $P<0.05$，据此认为骨关节炎的患病率与饮水的氟含量之间呈正相关关系。该分析是否正确？为什么？

表 11-4　某省 8 个市饮水氟含量与骨关节炎的患病率

序号	1	2	3	4	5	6	7	8
氟含量（mg/L）	2.50	3.18	1.20	5.33	0.63	4.72	2.06	3.11
患病率（%）	9.0	12.6	8.0	20.4	8.2	12.8	10.1	7.5

2. 某研究者根据 6～12 岁儿童体格检查资料，分析其体重与血红蛋白含量、年龄与身高、性别与血红蛋白含量的线性关系：体重与血红蛋白含量的线性相关系数为 0.73kg/L，年龄与身高的线性相关系数为 1.58，性别与血红蛋白含量的线性相关系数为 0.89，他通过这些数据拟合了一条关于年龄和血红蛋白含量的回归直线，用来预测儿童的血红蛋白含量，其分析结果是：该儿童 16 岁时的血红蛋白含量会是 115g/L。请问该研究者的分析正确吗？

五、SPSS 操作与结果解读

给 8 只中年大鼠注射内毒素（30mg/kg）后，测得每只大鼠的红细胞含量（$\times 10^4/mm^3$）与血红蛋白含量（g/L）如表 11-5。要了解红细胞含量与血红蛋白含量线性关系的密切程度与方向，以及红细胞含量随血红蛋白含量的变化而变化的关系，请进行线性相关与线性回归分析。

表 11-5　8 只中年大鼠红细胞含量与血红蛋白含量

鼠号	1	2	3	4	5	6	7	8
红细胞含量（$\times 10^4/mm^3$）	650	790	667	605	761	642	652	706
血红蛋白含量（g/L）	126	170	143	130	158	129	151	153

（1）SPSS 操作。按图 11-1 形式录入数据。

	鼠号	红细胞含量	血红蛋白含量
1	1	650	126
2	2	790	170
3	3	667	143
4	4	605	130
5	5	761	158
6	6	642	129
7	7	652	151
8	8	706	153

图 11-1　数据录入

正态性检验：依次点击“Analyze”→“Descriptive Statistics”→“Explore”。在弹出的对话框内，将“红细胞含量”和“血红蛋白含量”选入“Dependent List”框中，见图 11-2。点击“Plots”，

勾选“Normality plots with tests”，点击“Continue”，见图 11-3。设置完成，其余保持默认，点击“OK”完成。

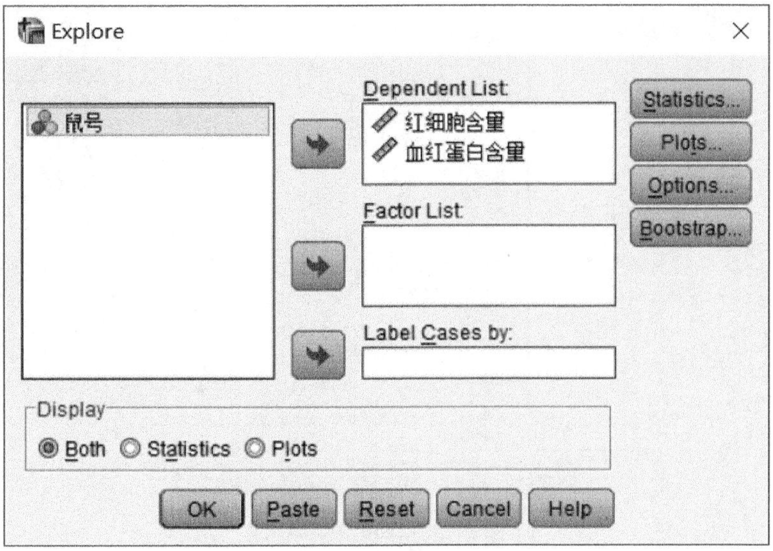

图 11-2　选择参数

线性相关：依次点击“Analyze”→“Correlate”→“Bivariate Correlations”。在弹出的对话框中将“红细胞含量”和“血红蛋白含量”选入“Variables”，勾选“Pearson”，见图 11-4。设置完成，其余保持默认，点击“OK”完成。

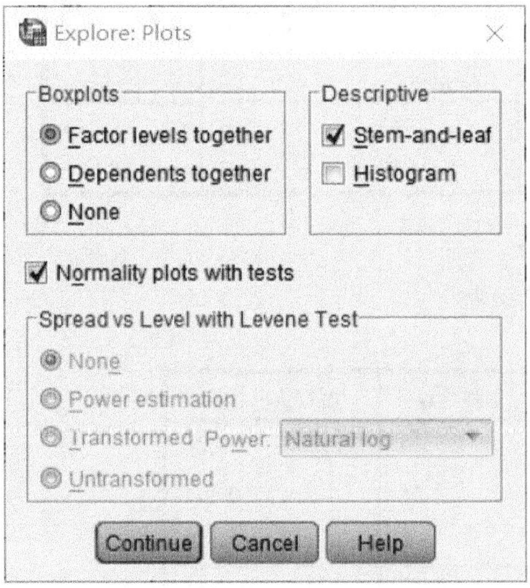

图 11-3　正态性检验

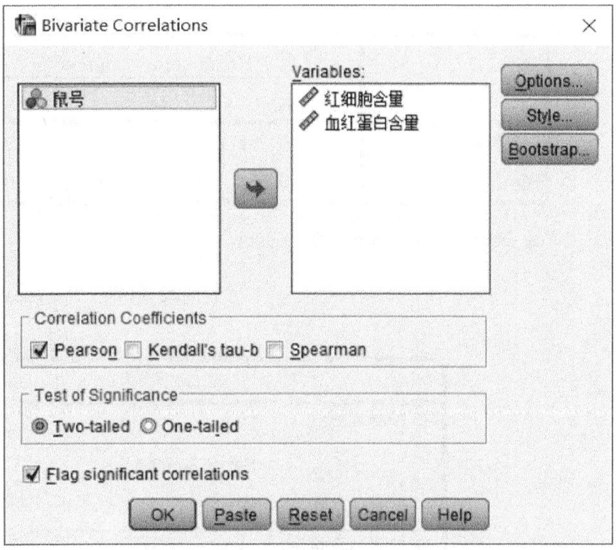

图 11-4　选择线性相关分析变量

简单线性回归：依次点击“Analyze”→“Regression”→“Linear Regression”。在弹出的对话框中将“血红蛋白含量”选入“Independent（s）”，将“红细胞含量”选入“Dependent”，见图 11-5。设置完成，其余保持默认，点击“OK”完成。

（2）结果及主要结果解读。

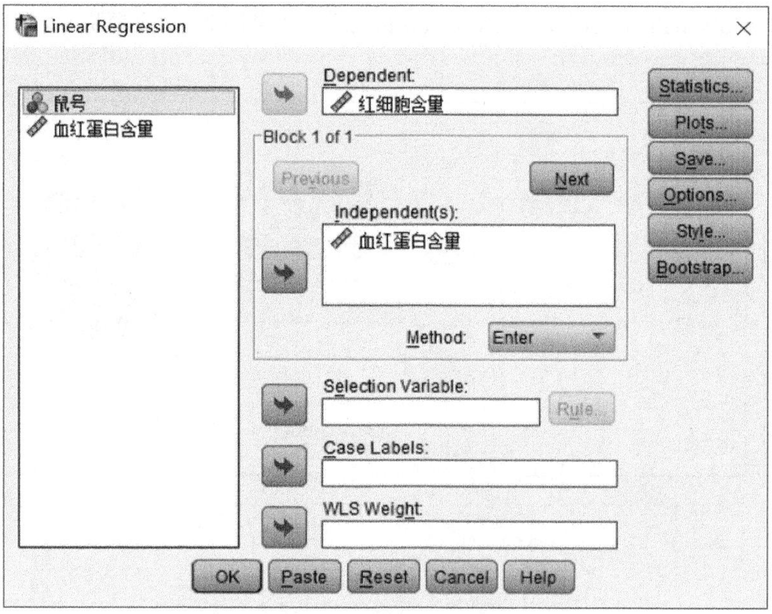

图 11-5　选择分析变量

正态性检验结果：从表 11-6 中 Shapiro-Wilk 方法的检验结果显示，两组均 $P>0.10$，可认为红细胞含量和血红蛋白含量均服从正态分布，可使用 Pearson 相关和简单线性回归（表 11-7～表 11-10）。

表 11-6　正态性检验结果

Tests of Normality

	Kolmogorov-Smirnov[a]			Shapiro-Wilk		
	Statistic	df	Sig.	Statistic	df	Sig.
红细胞含量	0.231	8	0.200*	0.913	8	0.375
血红蛋白含量	0.204	8	0.200*	0.932	8	0.537

*. This is a lower bound of the true significance

a. Lilliefors Significance Correction

表 11-7　Pearson 相关结果

Correlations

		红细胞含量	血红蛋白含量
红细胞含量	Pearson Correlation	1	0.882**
	Sig.（2-tailed）		0.004
	N	8	8
血红蛋白含量	Pearson Correlation	0.882**	1
	Sig.（2-tailed）	0.004	
	N	8	8

**. Correlation is significant at the 0.01 level（2-tailed）

Pearson 相关结果：从表 11-7 可得红细胞含量和血红蛋白含量的线性相关系数为 0.882，P=0.004。

表 11-8　简单线性回归模型检验

ANOVA[a]

Model		Sum of Squares	df	Mean Square	F	Sig.
1	Regression	21892.864	1	21892.864	21.085	0.004[b]
	Residual	6230.011	6	1038.335		
	Total	28122.875	7			

a. Dependent Variable：红细胞含量
b. Predictors：（Constant），血红蛋白含量

回归模型检验：表 11-8 结果显示，*F*=21.085，*P*=0.004。

表 11-9　简单线性回归系数及其检验

Coefficients[a]

Model		Unstandardized Coefficients		Standardized Coefficients	t	Sig.
		B	Std. Error	Beta		
1	(Constant)	169.792	112.589		1.508	0.182
	血红蛋白含量	3.547	0.772	0.882	4.592	0.004

a. Dependent Variable：红细胞含量

回归系数及其检验：表 11-9 输出结果显示，总体截距 α 的估计值 a 为 169.792，总体回归系数 β 的估计值 b 为 3.547，t=4.592，P=0.004，建立的直线回归方程为 $\hat{y}=169.792+3.547x$。

表 11-10　简单线性回归模型评价

Model Summary

Model	R	R Square	Adjusted R Square	Std. Error of the Estimate
1	0.882[a]	0.778	0.742	32.223

a. Predictors：（Constant），血红蛋白含量

简单线性回归模型评价：表 11-10 结果显示该线性回归模型的 R^2 为 0.778，校正 R^2（Adjusted R Square）为 0.742，故该线性回归模型的拟合效果尚可。

（邓　丹）